AF344102

MAXIMES GENERALES

SUR

LES DROITS DOMANIAUX

TELS QUE LES LODS ET VENTES,
les Échanges, les Reliefs ou Rachats, & les
Déports de Minorité dûs dans la Mouvance
du Roy.

A PARIS,

Chez PIERRE PRAULT, Quay de Gêvres,
au Paradis.

M. DCC. XLIX.

Avec Approbation & Privilége du Roy.

AVERTISSEMENT.

Quoique beaucoup d'Auteurs ayent donné des Traités ſur cette matiere, la perception des Droits du Roy ne s'en fait pas avec plus d'exactitude, ſoit parce que les Employés ne ſe livrent pas à l'étude des Ouvrages qui pourroient les inſtruire, ou ſoit parce que ces Ouvrages embraſſant toute la matiere des Fiefs, ils les trouvent trop étendus, & en négligent la lecture.

De là, une quantité de Mutations dont les Droits ne font point acquittés, ce qui produit une perte confidérable pour le Roy & pour les Fermiers de fes Domaines.

Le defir de remedier à ces inconvéniens, en raffemblant tous les cas où les Employés ont des Droits à exiger, ou du moins la plus grande partie, a feul déterminé cette Collection, d'autant plus sûre, qu'elle ne présente pas une seule maxime qui n'indique la source d'où elle a été puisée, sans trop multiplier les citations, si ce n'est sur certains points plus susceptibles de doute.

C'est au moyen d'une semblable précaution que les Fermiers des Droits de centiéme Denier & de Contrôle sont parvenus à réformer les abus qui s'étoient introduits dans l'Exercice de ces differens Droits, & à en rendre la perception exacte & réguliere, en suivant la même route. N'est-il pas permis de se promettre un égal succès d'une instruction sur la matiere des Droits Domaniaux - Casuels, qui est la seule qui ait paru jusqu'à présent ?

C'est à quoi se bornent les vœux de l'Auteur : il se promet d'autant plus que le Public ne désapprouvera pas ses soins, que si d'un côté, il conduit les Employés à se faire payer des Droits qu'ils eussent

peut-être négligés par ignorance ; de l'autre, il les met
en état d'éviter beaucoup de
fauſſes démarches, & de ne
jamais demander des Droits
qui ne ſeroient pas dûs.

Au ſurplus, ce petit Ou-
vrage eſt auſſi utile aux
Seigneurs de Fiefs , à leurs
Officiers & à leurs Gens d'af-
faires. Chacun peut s'inſtruire
lui-même de ce qu'il doit & de
ce qu'il lui eſt dû ; mais ſi l'Ou-
vrage conſideré ſous ce point
de vûe paroiſſoit ſuſceptible

de quelque Critique, on doit
en faire grace à l'Auteur, puiſqu'il ne s'eſt propoſé que l'inſ-
truction des Employés aufquels il croit ne laiſſer d'autre
étude à faire à cet égard, que
celle des Biens qui ſont ſitués
dans la Mouvance directe du
Roy.

'APPROBATION.

PRIVILEGE DU ROY.

LOUIS, par la grace de Dieu, Roi de France & de Navarre : A nos amés & féaux Conseillers, les Gens tenans nos Cours de Parlement, Maîtres des Requêtes ordinaires de notre Hôtel, Grand Conseil, Prevôt de Paris, Baillifs, Sénéchaux, leurs Lieutenans Civils, & autres nos Justiciers qu'il appartiendra ; SALUT. Notre bien amé PIERRE PRAULT pere , Libraire - Imprimeur à Paris , Nous a fait exposer qu'il desireroit imprimer & donner au Public le *Code de Louis XV. le Recueil des Edits , Déclarations , Ordonnances , Lettres-Patentes , Arrêts , Tarifs , Baux , Reglemens & Décisions , tant du Conseil que des Cours & Jurisdictions , Délibérations , Instruc-*

tions, Traités, Commentaires, Conférences concernant les Gabelles, Aydes, Traittes Foraines, Demaine, Tabac, & Droits y joints, rétablis ou réservés ; ensemble ceux concernant la Justice & Police, les Finances & les Tailles, la Jurisdiction & les Rentes de l'Hôtel-deVille, les Maires & Echevins, la Marine, le Commerce, & la Compagnie des Indes, les Mines & Minieres, Poudres & Salpêtres, les Postes, Messageries, la Voyerie, & tous les Officiers, Commis & Employés qui en dépendent, avec la Table Chronologique ; le Dictionnaire ou Mémorial alphabétique par chaque matiere ; s'il nous plaisoit lui accorder nos Lettres de Privilége pour ce nécessaires, A CES CAUSES, voulant favorablement traiter l'Exposant, Nous lui avons permis & permettons par ces Presentes, de faire imprimer les Ouvrages ci-dessus spécifiés en un ou plusieurs volumes, & autant de fois que bon lui semblera, & de les vendre, faire vendre & débiter par tout notre Royaume, pendant le tems de *quinze* années consécutives, à compter du jour de la datte desdites Presentes. Faisons défenses à toutes sortes de personnes de quelque qualité & condition qu'elles soient, d'en introduire d'impression étrangere dans aucun lieu de notre obéissance : comme aussi à tous Libraires - Imprimeurs & autres d'imprimer, faire imprimer, vendre, faire vendre, débiter ni contrefaire lesdits Ouvrages en tout ni en partie, ni d'en faire aucun extrait, sous quelque prétexte que ce soit, d'augmentation, correction, changement de titre, ou autre, sans la permission expresse & par écrit dudit Exposant, ou de ceux qui auront droit de lui , à peine de confiscation des Exemplaires contrefaits , de trois mille livres d'amende contre chacun des contrevenans , dont un tiers à Nous , un tiers à l'Hôtel - Dieu de Paris , & l'autre tiers audit Exposant , ou à celui qui aura droit de lui , & de tous dépens , dommages & intérêts : A la charge que ces Presentes seront enregistrées tout au long sur le Registre de la Communauté des Libraires & Imprimeurs de Paris, dans trois mois de la datte d'icelles ; que l'impression desdits Ouvrages sera faite dans notre Royaume & non ailleurs , en bon papier & beaux caracteres , conformément à la feuille imprimée , attachée pour modele sous le contre-scel desdites Présentes ; que l'Impetrant se conformera en tout aux Reglemens de la Librairie, & notamment à celui du 10 Avril 1725 ; & qu'avant de les exposer en vente , les Manuscrits ou Imprimés qui auront servi de Copie à l'impression desdits Ouvrages, seront remis ès mains de notre très-cher & féal Chevalier le Sieur Daguesseau , Chancelier de France, Commandeur de nos Ordres ; & qu'il en sera ensuite remis deux Exemplaires dans notre Bibliotheque publique, un dans celle de notre très-cher & féal Chevalier le Sieur Daguesseau , Chancelier de France, le tout à peine de nullité des Presentes : Du contenu desquelles vous mandons & enjoignons de faire jouir ledit Exposant & ses ayans causes, pleinement & paisiblement , sans souffrir qu'il leur soit fait aucun trouble ou empêchement. Voulons que la Copie desdites Presentes qui sera imprimée tout

b ij

au long au commencement ou à la fin desdits
Ouvrages, soit tenue pour dûement signifiée,
& qu'aux Copies collationnées par l'un de nos
amés & feaux Conseillers & Secretaires, foi
soit ajoûtée comme à l'original. Commandons
au premier notre Huissier ou Sergent sur ce
requis, de faire pour l'exécution d'icelles tous
Actes requis & nécessaires, sans demander autre permission, & nonobstant clameur de Ha
ro, Charte Normande, & Lettres à ce contraires: CAR, tel est notre plaisir. DONNE' à
Paris le huitiéme jour du mois de Mai, l'an de
grace mil sept cent quarante-quatre, & de
notre Regne le vingt-neuviéme. Par le Roi en
son Conseil.

Signé, SAINSON.

*Registré sur le Registre I X. de la Chambre
Royale des Libraires & Imprimeurs de Paris,
N°. 318. F°. 268. conformément aux anciens
Réglemens, confirmés par celui du 28 Février
1723. A Paris le 10 Juin 1744.*

Signé, SAUGRAIN, *Syndic.*

Fautes à corriger.

PAge 2. *ligne* 9. d'Ehange, *lifez* d'Echange, *ligne* 21° hommages, *lif.* hommagés. P. 6. *ligne* 6. de Laudimüs, *lif. de Laudimiis, ligne* 22. ces Arrefts rapportés. *lif.* ces Arrefts font rapportés. P. 7. *ligne* 9. vente, *lif.* ventes. P. 8. *lig.* 11. n, *lif.* en. P. 9. *lig.* 17. Recueil des Echanges, *page* 326. *mettez cette ligne toute entiere après la neuviéme ligne.* P. 15. *lig.* 8. Liv. 3. Chap. 4. Section premiere, *mettez cette ligne après la dixiéme.* P. 16. *lig.* 18. vente, avec, *lif.* vente avec. P. 12. *lig.* 13. Vente, *lif.* Ventes. P. 24. *lig.* 2. faifie, *lif.* faifis. Idem. *lig.* 15. Soifve, *lif.* Soufve. P. 28. *il ne faut point d'alinea dans les fix premières lignes.* Idem, *lig.* 10. *&* 11. des Minenrs, *lif.* d'un Mineur. P. 34. *lig.* 9. rentrer, *lif.* rentre. P. 35. *lig.* 12. 18. Janvier, *lif.* 8. Janvier. P. 39. *lig.* 11. 30. *lif.* 80. P. 46. *lig.* 22. Art. 151. *lif.* Art. 51. P. 60. *lig.* 14. la Jurifprudence, *lif.* mais la Jurifprudence. P. 62. *lig.* 16. fur la nouvelle, *lif.* fur l'Art. 22. de la nouvelle. P. 63. *lig.* 16. Chap. 4. *lif.* Chap. 3. P. 74. *lig.* 5. après Mançois, *ajoutez*, fuivant l'Art. 5. P. 78. *lig.* 20. les droits, *lif.* lefdits droits. P. 91. *lig.* 8. des Fiefs, *lif.* des Terres & Fiefs. P. 96. *lig.* 21. moumance, *lif.* mouvance. P. 101. *lig.* 18. après direĉte, *ajoutez*, mais n'eft pas dû de quint. P. 108. *lig.* 9. direĉt, *lif.* direĉte. P. 109. *lig.* 9. propofée, *lif.* propofe. *Page* 110. *lig.* 18. aux Etrangers, *lif.* à un Etranger. P. 113. *lig. premiere*, Art. 36. *lif* 26. P. 121. *lig.* 2. ou, *lif.* &. P. 122. *lig.* 19. Segnier, *lif.* Seguier. P. 127. *lig pénultiéme*, après 87. *ajoutez* Anjou. P. 149. *lig.* 14. qui ont, *lif.* qui en ont. P. 152. *lig.* 14. ou en papier, *lif.* & en papier. P. 153. *lig.* 15. de Rachat, *lif.* le Rachat. P. 155. *lig.* 9. au titre, *lif.* à ce titre. Idem, *lig.* 10. par, *lif.* pour. P. 163. *lig.* 9. & laiffé, *lif.* & ait laiffé. P. 172. *lig.* 5. 1588. *lif.* 1586. Idem, *lig.* 6. 1741. *lif.* 1641. Idem, *lig.* 13. fuivant ce qu'il, *lif.* fuivant qu'il. P. 210. *lig.* 16. du Mineur des pere ou mere, *lif.* des pere ou mere du Mineur.

Fin dé la Table des Matieres.

MAXIMES

MAXIMES

GENERALES;

SUR LES DROITS DOMANIAUX;

Tels que les Lods & Ventes, les Echanges,
les Reliefs ou Rachats, & les Déports de
minorité dûs dans la Mouvance du Roy.

LODS ET VENTES.

PREMIERE MAXIME.

Cas generaux où les Droits font dûs.

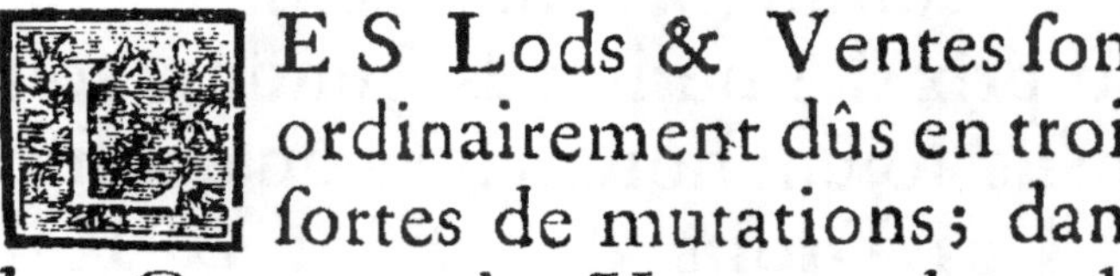

LES Lods & Ventes font
ordinairement dûs en trois
fortes de mutations; dans
le Contrat de Vente, dans le

A

Contrat d'échange , & dans le Bail à rente rachetable.

II.

Quotité des Droits.

Suivant la Coûtume de Paris, art. 23. il eſt dû le quint pour les Fiefs, c'eſt-à-dire, la cinquiéme partie du prix porté au contrat de Vente, d'Echange, ou de Bail à rente rachetable.

Et ſuivant l'art. 76. de ladite Coutume, il eſt dû pour les Cenſives, Lods & Ventes, à raiſon du douziéme du prix, ou ſeize deniers pariſis pour livre , valant vingt deniers pour livre.

En Anjou, au Maine, & en Touraine, les Lods & Ventes ſont, de droit commun, le douziéme denier du prix des héritages vendus, ſoit qu'ils ſoient hommages ou cenſifs.

Les Droits de Quint & Requint y ſont peu uſités, ſi ce n'eſt

dans

dans le Duché de Vendôme.

III.
Ventes & Issues.

Dans ces deux Provinces d'Anjou & du Maine, il y a des endroits où il est dû Ventes & Issues, c'est-à-dire, le sixiéme denier du prix de la vente, mais pour jouir de ce droit local, les Seigneurs doivent avoir une possession ancienne & uniforme, suivant lesdits art. 156. d'Anjou , & 174. du Maine.

IV.

C'est l'acquéreur & non le vendeur qui doit les droits de Lods & Ventes, suivant qu'il résulte des Coûtumes cy-après; sçavoir,

V.

Les droits font dûs fur le pied du Contrat.

Les Lods & Ventes font dûs à raifon du prix écrit dans le contrat, & qui tourne au profit du vendeur ; les Charges & les Droits dûs font auffi partie du prix, mais non le pot-de-vin, frais du contrat, & autres dépenfes. Le Seigneur ne feroit pas recevable à arguer la vilité du prix ftipulé, ni à demander eftimation de la chofe vendue.

Dumoulin fur Paris. Art. 76. N. 34. Dargentré, Bretagne. Art. 59. note 2. N. 4. Art. 345. Gl. 4.

VI.

Des Charges portées au contrat.

Les charges portées au con-

trat, doivent être évaluées en deniers, pour en fixer les Lods &
Ventes, comme par exemple, des
meubles que l'acquéreur donneroit
au vendeur, outre le prix porté au
Contrat, une pension viagere ou
une rente constituée, payable en
l'acquit du Vendeur, &c.

> Dumoulin, sur l'art. 76. N. 35. &
> 78. Paris.
> Dargentré, Traité des Lods &
> Ventes. §. 20.
> Duplessis, Paris, du Droit de
> Vente, Chap. 1.
> Livoniere, Traité des Fiefs, Livre
> 3. Chap. premier.

VII.

Du Cas du supplément au Contrat de vente.

Si l'acquéreur, quelque - tems
après le contrat de vente, fait un
supplément, soit pour lézion ré-
clamée par le majeur ou par le

mineur, par convention volontaire ou ordonnée en Justice, les Lods & Ventes sont dûs de ce supplément, comme faisant partie du prix.

> Dargentré de Laudimüs, § 19.
> Pontanus sur l'art. 81 de Blois, gl. 1
> Chopin, du Domaine, liv. 2. tit. 5. N. 6.

VIII.

A qui les droits du Supplément appartiennent.

Les Droits dûs pour raison du supplément, appartiennent au Seigneur ou Fermier du tems du supplément.

> Arrest du Parlement de Paris du 5 Janvier 1563.
> Autre du 30 Octobre 1576. Livoniere, en son Traité des Fiefs, fol. 142.
> Ces Arrests, rapportés par Chopin, du Domaine, liv. 2. tit. 3. n. 6.

IX.

Echanges.

Les Lods & Ventes font dûs en Anjou & au Maine pour le contrat d'Echange, au profit des Seigneurs.

Et en Touraine, lorfque les héritages font en divers Fiefs, il y a vente ou rachat au choix du Seigneur.

Anjou Art. 155.
Maine Art. 173.
Touraine Art. 143.

X.

Des differens cas en échange.

Si l'échange eft fait d'un héritage avec une rente conftituée, il n'eft dû qu'un fimple droit de Lods & Ventes, payable au Seigneur de l'héritage échangé, fur le pied du fort principal de la rente.

Dans les échanges où il y a , de part & d'autre, des héritages, rentes foncieres , ou autres droits réels , il eſt dû un double droit ; ſçavoir , un droit de Lods & Ventes pour l'héritage donné en échange , & un autre pour l'héritage donné en contre-échange.

Et ſi les héritages ou autres droits réels permutés ſont ſitués differens Fiefs , chacun des Seigneurs prend un droit pour l'héritage ſitué dans ſa féodalité.

Livoniere , Traité des Fiefs , liv. 3. chap. 2.

XI.

De la liquidation en échange.

Dans le cas de l'échange d'héritages contre héritages , ou autres Droits réels , les Lods & Ventes ſe réglent ſur le pied de la valeur des choſes échangées.

L'Edit du mois de Fevrier 1674.
porte que pour connoître cette valeur, il sera fait estimation des choses échangées par les Juges des
lieux, sur l'avis des Experts, con-
venus par les Parties, ou nommés
d'office.

Livoniere, Traité des Fiefs, Liv.
3. Chap. 2.

XII.

Bail à rente rachetable.

Le Droit de Lods & Ventes
est dû pour le Contrat de bail à
rente rachetable, sans attendre le
rachat.

Paris, Art. 23.
Recueil des Echanges, page 326.

XIII.

Du Bail à rente, en Anjou.

Autrefois ce droit n'étoit pas
dû en ce cas, en Anjou avant le

rachat de la rente, il y a été établi par la Jurisprudence des Arrêts.

Arrest du Bellay, 17 Avril 1601. enregistré au Présidial d'Angers, pour y servir de Loy. Cet Arrêt est rapporté par M. Louet, lettre L. chap. 18. & par Monthelon. Arrest 95.

XIV.

Des rentes rachetables & non rachetables, au Maine.

Au Maine où cet Arrest n'a pas été publié, Lods & Ventes ne sont dûs que la rente soit stipulée rachetable ou non-rachetable, que lors du rachat de la rente, à moins que la rente ne fût rachetable par obligation.

Bodereau & Loys, sur les Art. 137. 172. & ledit Bodereau sur l'Art. 365. Maine en son abregé. Livoniere, Traité des Fiefs, Liv. 3. Ch. 3.

XV.

Des rentes sur les Maisons des Villes, au Maine.

Les rentes foncieres assises sur les maisons & héritages situés dans la Ville du Mans & autres Villes régies par la Coûtume de cette Province, ne sont pas non plus sujettes à Lods & Ventes que lors du rachat de la rente, nonobstant la disposition des Ordonnances de 1539. & 1553. ainsi jugé par Arrest de la Grand-Chambre, rendu au Rapport de M. l'Abbé Macé, le 29 Aoust 1747. contre le Receveur Général, & le Fermier du Domaine du Roy.

XVI.

Du Bail à rente non rachetable.

Il n'est point dû de Lods & Ventes pour le Contrat de Bail à rente

fonciere annuelle, perpetuelle, &
non rachetable, mais en seroit dû
pour argent baillé au-par-delà de
la rente.

> Anjou, art. 127. & 154.
> Maine, art. 137. & 172.
> Arrêtés de Lamoignon, tit. 12.
> art. 21.

XVII.

Du rachat ou aliénation des rentes.

Il en seroit aussi dû pour l'aliénation ou le rachat desdites rentes.

> *Ibidem.* Et Paris, art. 87.

XVIII.

Du cas où le rachat de la rente est
prescrit.

Si la Rente stipulée rachetable
par le Contrat de Bail à Rente,
est devenue non rachetable par la
prescription de 30 ans, en ce cas
la cession & transport de cette

Rente, donne ouverture aux Lods
& Ventes.

Paris, Art. 120.
Brodeau fur l'Art. 87. Paris, N. 18.
Livoniere, Traité des Fiefs, Liv. 3. Ch. 3

XIX.

Du Contrat en Deniers & en Rentes.

Si un Héritage chargé de Rentes eft vendu à la charge expreffe
de continuer lefdites Rentes, les
Lods & Ventes font dûs feulement fur le pied du prix du Contrat, fi les Rentes font foncieres
& non rachetables; & fi les Rentes
font ftipulées rachetables, elles
font regardées comme faifant partie du prix, & Lods & Ventes en
font dûs.

Paris, Art. 83.
Livoniere, Traité des Fiefs, Liv. 3.
Ch. 3.
Arrêt du 10 May 1557. rapporté par
Brodeau fur ledit Art. 83. N. 1.
Autre de 1692. rapporté par Leveft.

XX.

Du Décret volontaire.

En Décret volontaire il n'eſt dû qu'un ſeul Droit de Lods & Ventes pour le Contrat & pour le Décret, au choix du Seigneur, & les Droits ſont dûs au Seigneur ou au Fermier, du tems du Contrat.

Paris, Art. 84. tenant lieu de Droit Commun.

Loyſel, Liv. 4. Tom, 2. Reg. 10.

XXI.

Du cas où l'Acquereur ne demeure pas Adjudicataire.

Si, par l'évenement du Décret volontaire, l'Acquereur ne demeure pas Adjudicataire, & que l'Adjudication ſoit faite à un autre qui ſe trouve plus haut encheriſſeur, en ce cas il eſt dû doubles Droits de Lods & Ventes, l'un

pour le Contrat , & l'autre pour
l'Adjudication , parce qu'il y a
double mutation.

> Brodeau après Dumoulin , sur l'Art.
> 84. Paris, N. 4. 16 & 17.
> Duplessis & Ferriere en son Traité
> des Fiefs , idem.
> Liv. 3. Chap. 4. section premiere.
> MaisLivoniere en sonTraité desFiefs
> n'est pas de cet avis.

XXII.

Décret forcé.

Il est dû Lods & Ventes pour
l'Adjudication par Décret forcé.

> Paris, Art. 83.
> Arrêtés de Lamoignon , Art. 22.

XXIII.

Lorsque l'Adjudicataire par décret
ne consigne pas le prix.

Si l'Adjudicataire par Décret
n'a pas consigné le prix de l'Adju-

dication dans le tems de l'ordonnance, & qu'il ait été procedé à fa folle enchere à nouvelle Adjudication, il eft dû doubles Droits de Lods & Ventes, l'un pour la premiere Adjudication, & un autre pour la feconde.

> Brodeau fur Louet, Let. R Chap. 2.
> Arrêts des années 1607. 1609. & 1618.
> Ricard fur l'Art. 84. Paris Dupleffis & Ferriere, idem.

XXIV.

De la faculté de reméré.

En Anjou & au Maine il eft dû Lods & Ventes pour le Contrat de Vente, avec faculté de reméré qui excede 9 ans, fans attendre que l'Acquereur ait obtenu de Jugement qui le déclare Propriétaire incommutable, & les Droits appartiennent au Seigneur ou au Fermier,

r mier , du tems du Contrat de
Vente.

Anjou , Art. 161. & 362.
Maine , Art. 178. & 372.

XXV.

Des Ventes conditionnelles.

Les Ventes conditionnelles, c'est-
à-dire celles dont l'évenement dépend de l'accomplissement ou du
manquement de la condition , en-
sorte que par le défaut de la condition , le Contrat devient nul ; les
Lods & Ventes ne peuvent être
demandés qu'après l'échéance de
la condition , & non pendant que
le Contrat est en suspens, parce que
la Vente peut être revoquée si la
condition vient à manquer.

Dumoulin sur l'Art. 78. de la Cou-
tume de Paris. Gl. 1. Nomb. 40.
Dargentré en son Traité des Lods &
Ventes , Ch. 3.

B

XXVI.

De l'Acquereur pour soi ou autre.

Il n'est dû qu'un seul Droit de Lods & Ventes pour la déclaration de celui qui a acquis pour lui ou autre qu'il nommera dans l'an, quoiqu'il y ait double numération de prix, pourvû que la déclaration soit faite dans l'an & sans fraude. La fraude est presumée lorsque l'Acquereur s'est mis en possession de l'Héritage, qu'il en a rendu foi & hommage au Seigneur, & en a payé les Lods & Ventes, &c.

Dumoulin sur l'Art. 33. de la Coutume de Paris. Gl. 2. N. 24.
Livoniere, Traité des Fiefs, Liv. 3. Ch. 4. Section 5.

XXVII.

Des Ventes de Droits Successifs, ou d'autres Droits incertains.

En vente de Droits Successifs

ou cession d'autres Droits incertains, les Lods & Ventes ne sont
dûs que pour le prix des Héritages
échûs au Lot de l'Acquereur, &
de ceux que le Cessionnaire a en
vertu des Droits cedés.

Bourbonnois, Art, 396.
Auvergne, Ch. 16. Art. 7.
Dupineau sur l'Art. 4 d'Anjou.

XXVIII.

Du cas de Transaction.

Si par une Transaction il y a
mutation de Possesseur avec cession & transport de propriété du
Droit que le Possesseur y prétendoit, il est dû des Lods & Ventes,
à raison des sommes payées par ce
nouveau Possesseur. Si au contraire il n'y a point eu de mutation
de Possesseur, & que par l'évenement de la Transaction l'ancien
Possesseur soit confirmé dans sa
possession, il n'est pas dû de Lods

& Ventes, nonobſtant que par la
Tranſaction il y ait numération de
deniers ou tradition d'autres meubles.

Anjou, Art. 360.
Dumoulin ſur l'Art. 78. Paris. Gl. 3.
N. 15. 16 & 17.
Dupont ſur l'Art. 81. Blois & autres.

XXIX.

*De celui fait nouveau poſſeſſeur par
la Tranſaction.*

Celui qui eſt fait nouveau Poſſeſſeur par la Tranſaction, ne ſeroit pas recevable à ſoutenir, pour
s'exempter des Lods & Ventes,
que le droit de propriété lui appar-
tenoit d'ancienneté, parce que ce
ſeroit renouveller la queſtion ter-
minée par la Tranſaction. Les
droits ſe réglent ſur le prix contenu dans la Tranſaction.

Livoniere, Traité des Fiefs, Liv.
3. Ch. 4 Section 7.

XXX.

Des Contrats équipollens à Vente.

Les Lods & Ventes font dûs au Seigneur de Fief, non feulement pour tous les Contrats de Vente, mais encore pour tous ceux équipollens à Vente, & qui opérent tranflation de propriété, quelque couleur & quelque titre qu'on y donne.

Poitou, Art. 23.
Reims, Art. 93.
D.rgentré, Traité des Lods & Ventes Ch. 1.

XXXI.

De l'Héritage donné en payement.

Le Contrat par lequel le Débiteur donne à fon Créancier un Héritage en payement de fon dû, équipole à Vente, & eft fujet aux Droits Féodaux ; tel eft l'avis uniforme de tous les Docteurs.

> Dumoulin, Paris. Art. 20. Gl. 5. N.
> 46.
> Dargentré, Bretagne. Art. 66
> Dupont, Blois. Art. 81.

XXXII.

De l'abandon fait à des Créanciers.

Mais les Créanciers qui prennent en payement le bien de leur Débiteur & le revendent ensuite, en conséquence d'un Contrat de Direction, ne doivent pas double Vente ; les Droits ne sont dûs que par les Acquéreurs des Créanciers, parce qu'ils ne le prennent pas pour en devenir Propriétaires.

> Arrêt du 7 Septembre 1660.
> L'Oiseau du déguerpissement, Liv.
> 6. Ch. 7.

XXXIII.

Des Donations faites par Pere ou Mere à leurs Enfans.

Les Donations faites d'Hérita-

ges par Pere ou Mere à leurs Enfans , en payement de ce qu'ils
leur ont promis par leur Contrat
de Mariage ou autrement, ne font
pas fujettes à Lods & Ventes

Paris , Art. 26.
Arretés de Lamoignon des Droits
Seigneuriaux , Art. 3.

Du cas de Vente.

Les Droits font dûs fi le pere
& le Fils quittent cette voye pour
prendre celle du Contrat de Vente.

Brodeau fur Paris , Art. 26. N. 18.
& 19.
Dupleffis même Coutume , Page
134. rapporte 2 Arrêts de 1607.
& de 1661. qui l'ont ainfi jugé.

XXXIV.

De l Héritier Beneficiaire.

Si un Héritier Beneficiaire en
ligne directe demande la delivran-

ce des Héritages de la Succeffion faifie réellement, ou s'en rend
Adjudicataire, il ne doit point de
Lods & Ventes , encore que le
prix entier foit diftribué à des
Créanciers étrangers ; mais s'il y a
plufieurs Héritiers Beneficiaires ,
l'Adjudicataire n'eft exempt que
pour fa portion.

Arrêtés de Lamoignon, ibid. Art.
14.
Journal du Palais, Tome 2. fol. 564.
Bretonnier fur Henrys Tome 1.
Liv. 3 Ch. 3. queft. 43.
Soifve , Tome 2. Cent. 4. Ch. 39.

XXXV.

Des Reprifes de la Veuve.

Si on donne à la Veuve des Conquêts de la Communauté en payement de fes reprifes & remplois ,
elle ne doit point de Lods &
Ventes , foit qu'elle renonce ou
accepte

: accepte la Communauté ; mais
) elle en doit fi elle prend en rem-
] ploi des propres de fon mari.

> Arrêtés de Lamoignon, ibid. Art.
> 15 & 16.
> Tronçon, Ricard, Le Maître &
> Dupleſſis, fur l'Art. 5. Paris.

XXXVI.

Auteurs oppoſés à cette Maxime.

Il y a pourtant des Auteurs qui
prétendent que lorſque la femme
renonce à la Communauté, elle
doit Lods & Ventes du remploi à
elle fait des acquêts de la Communauté.

> Brodeau, Art. 26. Paris N. 13. cite
> un Arrêt du mois de May 1623.
> Et Loys, fur l'Art. 172. du Maine,
> une Sentence du Préſidial du
> Mans, conforme.

C

XXXVII.

De la Donation gratuite.

Il n'eſt point dû de Lods &
Ventes pour donation pure &
gratuite , ſuivant le Droit commun , mais eſt dû rachat. Voyez
l'Art. 15. Ch. des Rachats.

> Anjou , Art. 161,
> Maine , Art. 178.

XXXVIII.

De la Donnation onéreuſe.

Mais pour les donations oné-
reuſes & remunératoires , les Ventes ſont dûes ſi la charge eſt eſti-
mable , & reductible en deniers ,
juſqu'à concurrence de cette charge.

> Chopin , ſur Anjou , Liv. 2 Titre
> des Lods & Ventes , N. 17.
> Bodereau , Art. 178. du Maine.
> Et Dupineau , Art. 161. d'Anjou.

XXXIX.

De la Donation pour services mercenaires.

La donation faite pour services mercenaires, défignés & fpecifiés, & pour une Rente viagere, eft fujette à Lods & Ventes pour les fervices dont l'évaluation doit être faite, ainfi que de la Rente viagere, eu égard à la Rente & à l'âge du Donateur.

Tours, Art. 147.
Blois, Art. 121.
Chaumont, Art. 41.

XL.

Du Contrat de Vente nul.

D'un Contrat de Vente nul ou annullé pour caufe néceffaire antecedente, il n'eft dû aucuns Lods & Ventes.

De ce nombre font les Contrats

paſſés par des Mineurs ſans l'autorité de leurs Tuteurs, par des fem-
mes ſans l'autorité de leurs maris.

Par des furieux, interdits, ou autres incapables de contracter.

Ou par le défaut de la choſe qui
n'eſt pas dans le commerce, &
dont l'aliénation n'eſt pas permiſe ;
ou par le défaut de cauſes & de
ſolemnités, comme ſi les biens des
Mineurs ont été vendus par le Tuteur ſans décret de Juge, & ſans
les autres formalités néceſſaires
pour la Vente des biens des Mineurs.

Dumoulin, ſur l'Art. 33. Gl. 1.
N. 32. & Art. 78. Paris, Gl 1.
N. 13.
Dargentré, Traité des Lods & Ven-
tes.
Dupont, Art. 87 Blois, queſtion 14
& ſuivantes.
M. le Preſtre, Cent. 3. Ch. 55. der-
niere édition.

XLI.

Du Contrat de Vente qui a subsisté, & a été ensuite annullé.

Du Contrat de Vente qui a subsisté, mais a été ensuite annullé
& résolu, il faut distinguer, ou la
résolution se fait pour une cause
inhérente au Contrat, ou antecedente & nécessaire; & en ce cas, il
n'est point dû de Droits Féodaux.

Ou la résolution se fait pour une
cause survenue de nouveau & volontaire, & alors les Lods &
Ventes sont dûs, & quelquefois
doubles.

Sur la premiere espece on rap-
portera pour exemple:

1°. Les Contrats cassés & réso-
lus pour cause de dol personnel,
de force & de crainte.

Dargentré, sur l'Art. 59. Bretagne,
Note 4. N. 3. Arrêt du 5. May
1616.

2°. Si un Mineur devenu majeur, s'eſt fait reſtituer contre un Contrat de Vente par lui fait en minorité, avec léſion.

> Dumoulin, Art. 33. Paris, Gl. 1. N. 32. 33. & 35.
> Dargentré, ibidem. Brodeau, Louet & le Preſtre.

3°. Si le Contrat de vente a été réſolu pour léſion d'outre moitié. Loi 2. Cod. *de reſcindenda vendit.*

4°. Si la Vente a été annullée pour cauſe d'éviction de tout, ou de partie conſiderable, qui donne lieu à la reſciſion de tout le Contrat.

> Arrêt du 5. Septembre 1587. rapporté par Chopin ſur Anjou, Livre 2. N. 5.

Exemples ſur la ſeconde eſpece.

1°. Si le Contrat eſt nul par le dol perſonnel de l'Acquereur, il

ne peut repeter les Ventes qu'il a
payées; mais après le Contrat déclaré nul, il ne peut être contraint
de les payer.

> Dumoulin , Paris. Art. 33. Gl. 1.
> N. 55.
> Salvaing , Ch. 89.
> Le Maître , Paris. Page 39.

2°. Lorsque le Contrat de Vente
a subsisté pendant plusieurs années,
& qu'il est ensuite résolu sans restitution de fruits, le Seigneur n'est
pas tenu à la restitution des Ventes
qu'il a reçûes.

> Dumoulin , Art. 33. Paris. N. 33.
> & sur l'Art. 78. N. 16. 17. &
> 26.

XLII.

Du Déguerpissement.

L'Acquereur qui a été obligé
de déguerpir l'Héritage par lui acquis , à cause des dettes de son

Vendeur, ne doit point de Lods & Ventes de son Contrat, & s'il les paye il en doit être indemnisé.

Jugé par Arrêt de 1592. rapporté par M. Louet, Let. R. Ch. 2.

XLIII.

Des Ventes payées avant le déguerpissement.

Si l'Acquereur avoit payé les Lods & Ventes avant son déguerpissement, il ne peut pas les repeter du Seigneur qui les a reçûs, mais il est subrogé au Seigneur, pour les prendre de l'Adjudicataire de l'Héritage déguerpi.

Paris, Art. 79. observé comme Droit Commun.

XLIV.

De l'option du Seigneur.

Suivant l'Article 79. le Seigneur

a l'option de s'en tenir aux Ventes qu'il a reçûes du premier Acque-reur, ou de prendre celles de cette derniere Adjudication faite fur le Curateur aux biens déguerpis, en rendant celles qu'il a reçûes du premier Acquereur.

S'il avoit fait des remiſes au premier Acquereur, il peut lui rendre ce qu'il en a reçû, pour toucher les Ventes en entier du ſecond Adjudicataire.

XLV.

Cas où il eſt dû doubles Ventes.

Si l'Acquereur n'avoit pas été forcé de déguerpir pour dettes im-prévûes de ſon vendeur, qu'on lui eût par le Contrat de vente dé-légué des Créanciers à payer, & que faute de le faire, il abandon-nât l'Héritage aux Créanciers ou autrement, ou qu'il ſouffrît qu'il

fût vendu fur lui ; il feroit dû double Droits de Ventes au Seigneur.

Brodeau & Dupleffis , fur l'Art. 79.
Paris.

XLVI.

De la reprife par le vendeur.

Si le vendeur ayant vendu fa
terre dans l'efperance d'être payé
comptant, y rentrer faute de payement , il n'eft pas dû de Ventes
pour cette reprife, ni pour le premier Contrat.

Dupont fur Blois , Art. 81. queftion
18. Page 311. & 312. derniere
Edition.
Dargentré , Traité des Lods & Ventes. § 2.
Dumoulin , Art. 78. Gl. 1. Nombre
36. Paris.

Au furplus, dans ces cas, il y a
beaucoup de circonftances à exa-
miner , pour connoître fur - tout
s'il n'y a point de fraude.

XLVII.

Du cas où le vendeur a donné terme.

Si le vendeur, après avoir donné terme à l'acquereur par le Contrat, rentre ensuite dans son Héritage faute de payement du prix, il est dû Ventes pour le premier Contrat ; mais il n'en est pas dû pour le second.

> Livoniere, Traité des Fiefs, Liv. 3.
> Ch. 6. Section 4.
> Arrêt du 28. Janvier 1627. rapporté par Brodeau sur Louet,
> Let. R. Ch. 9. N. 1.

XLVIII.

Du cas où le vendeur rentre à de nouvelles conditions.

Mais si le vendeur reprend son Héritage faute de payement du prix., non par forme de résolution du premier Contrat, mais pour un

nouveau prix, & de nouvelles conditions, eft dû Ventes pour le premier Contrat & pour le fecond.

Arrêt de Flamand du 26 Avril 1672
rapporté au Journal du Palais,
Tom. 1. Partie 2. Page 469. de
l'Edition in-4°. & Page 209. du
premier Tom. derniere Edition
in-fol. de 1701.

XLIX.

*Du vendeur qui fe rend Adjudica-
taire de l'Héritage faifi fur fon
acquereur.*

Si le vendeur voyant l'Héritage
par lui vendu, faifi réellement fur
l'acquereur, après avoir formé op-
pofition, afin de conferver pour le
prix qui lui étoit dû, s'en rend enfuite adjudicataire, eft dû doubles
Ventes.

Livoniere, Traité des Fiefs, Liv.
3. Chap. 6. Section 4.

L.

Du Vendeur qui rentre dans son héritage faute de payement du restant du prix.

Si le Vendeur ayant été payé d'une partie du prix, rentre dans son héritage faute de payement du reste, il ne doit pas de Lods & Ventes s'il rend l'argent qu'il a reçu, mais s'il prétend le retenir à titre de dommages intérêts, ou autrement, il doit des Lods & Ventes.

Dumoulin, Paris, Art. 33. Gl. 1. N. 29. le décide en semblable question.

LI.

Licitation entre Coheritiers.

Si par l'évenement d'une licitation l'héritage est adjugé à un des Cohéritiers ou Affociés, il n'eft point dû de Lods & Ventes. Il en eft dû fi l'adjudication eft faite à un Etranger.

> Paris, Art. 80. Louet, Lettre L.
> Chap. 9.
> Loifel, Liv. 4. Tom. 2. Reg. 13.

LII.

Licitation entre Affociés.

Il n'eft pas dû de Ventes pour licitation faite entre Affociés & Copropriétaires à quelque titre que ce foit, pour chofe qui ne fe peut commodément divifer.

> Arrefts des 29 May 1615. & 5
> Aouft 1619. rapportés par Bro-
> deau fur M. Louet, Let. L. Ch.
> 9. le premier entre Colegataires
> & le fecond entre Affociés.
> Dupleffis page 142. Le Maître &
> Ferriere fur l'Art. 80. Paris.

LIII.

*Si l'étranger demeure Adjudicataire
en licitation.*

Mais si un étranger, acquereur
des portions indivifes d'un Co-héritier, demeure Adjudicataire, en
ce cas cet étranger doit les Lods
& Ventes.

> Arrêt du dernier Janvier 1637.
> rapporté par Brodeau, fur l'Art.
> 30. Paris. N. 17.

LIV.

*La licitation peut être faite devant
Notaire.*

La licitation peut être valablement faite devant Notaire, entre
Majeurs, lorfqu'il n'y a point de
fraude; mais il faut que l'Héritage
ne fe puiffe partir.

Brodeau, fur Paris, Art. 80. N. 21.

LV.

Qualité des choses qui ne peuvent se diviser.

EXPLICATION.

Du nombre des choses qui ne peuvent commodément se diviser, sont une Maison, un Fief, ou une Terre féodale, une Métairie, Closerie, ou autre corps d'Héritage où il n'y a qu'un logement pour le Maître ou pour le Colon.

Arrêt du 29 May 1615. autre du 30. Juillet 1669. rapporté par Soesfve, Tom. 2 cent. 4. Ch. 39.

LVI.

Du partage avec soulte.

Il n'est point dû de Lods & Ventes pour partage faits avec soulte ou retour, ou par autre acommodement de famille.

Anjou

Anjou, Art. 282. Chopin, fur ladite Coutume d'Anjou , Art. 4
N. 8. Note marginale.

Du moulin. Paris, Art. 33. Gl. 1.
N. 74.

Dargentré. Bretagne, Art. 73. Not.
4. N. 3.

Arrêts des 15 Décembre 1648. &
24. Juillet 1670. Journal du Palais, Tom. 5. Page 416.

LVII.

*Du Cohéritier qui fe charge de
payer les dettes de celui qui eſt
créancier.*

De ce principe il faut conclure
qu'un Cohéritier ne doit pas de
Lods & Ventes pour avoir pris un
lot plus fort, à la charge de payer
les dettes héreditaires.

Idem. Si un des Cohéritiers
laiſſe à l'autre un lot plus avanta-
geux , à la charge de demeurer
quitte vers lui de certaines ſom-

D

mes de deniers qu'il lui devoit en particulier, quand cela se fait par forme de partage.

Idem. Si un Cohéritier est créancier de la Succession commune, & qu'on lui délaisse les biens héreditaires en payement de sa créance.

Dupleffiis. Paris, Arrêt du 28 May 1641. au Journal des Audiences, Tom. 1. Liv. 3 Ch. 75. Soefve, Tome 1. cent. 1. Ch. 39.

LVIII.

Des cessions après partage.

Mais si après le partage par lequel chaque Cohéritier a eu son lot, l'un d'eux donne à l'autre par un Acte subséquent, sa part héreditaire en tout ou partie, pour demeurer quitte vers lui de ce qu'il lui devoit, ou si celui qui étoit chargé d'un retour par un partage précédent, delivre posterieurement à fon Cohéritier , un Héritage de la fucceffion, pour demeurer quitte de ce retour , il eſt dû Lods & Ventes.

Ce négoce n'eſt plus un partage , il étoit confommé auparavant, c'eſt une convention volontaire, & un négoce particulier , qu'on ne peut qualifier autrement que *datio in folutum.*

> Dumoulin , N. 70. Dargentré , N. 3
> *Ibidem.*
> Chopin, Anjou, Liv. 2. Tit. des Lods & Ventes , N. 9.
> Livoniere , Traité des Fiefs , Liv. 3. Chap. 6,

LIX.

De l'Héritier qui a un grand retour en argent.

Quoiqu'un héritier ait très-peu d'héritages & un grand retour en argent, ou que l'un d'eux ait tous les héritages, & l'autre feulement

une foulte ou un retour en deniers,
il n'eſt pas dû de Lods & Ventes
en ce cas, pas même lorſque la
ſucceſſion eſt compoſée de divers
corps d'héritages qui ſe pourroient
commodément diviſer.

> Divers Arreſts rapportés par le
> Fevre & par Dupineau, ſur l'Art.
> 282. Anjou.

LX.

Du premier Acte entre Coheritiers.

Le premier Acte entre Cohéritiers eſt toûjours réputé partage,
quelque nom & quelque forme
qu'on lui donne.

> Dumoulin. *Ibidem.*
> Dargentré , Art. 73. Note 4. N. 3.
> Bretagne.
> Arreſt du 15. Decembre 1648.
> Journal des Audiences, tom. 1.
> liv. 5. chap. 37.
> Soefve , tom. 1. cent. 2. chap. 98.

LXI.

Du partage entre associés.

Par les mêmes principes il n'eſt pas dû de Lods & Ventes pour partages faits entre aſſociés & co-propriétaires, dans tous les cas ci-deſſus.

Dumoulin & Dargentré. *Ibidem.*
Dupont, Art. 88. Blois.
Brodeau ſur Louet, Let. R. Ch. 9.

LXII.

Des Succeſſions entre Héritiers de diverſes lignes.

Mais ſi la Succeſſion eſt à divi-ſer entre des Héritiers de diverſes lignes, & que par l'évenement du partage on donne aux Héritiers pa-ternels des propres maternels, auſquels ils ne pouvoient ſuccé-der, & que reciproquement les Héritiers maternels prennent pour leur partage des Héritages paternels, à l'égard defquels ils étoient étrangers, il eft dû Lods & Ventes.

Idem. Si un Cohéritier prenant des héritages de la fucceffion commune au-delà de fa part & portion, donnoit aux autres Héritiers, en récompenfe de fes Héritages propres, venus d'ailleurs que de ladite Succeffion.

Art. 155. & 282. Anjou. Livoniere, Traité des Fiefs, Liv. 3 Ch. 6 Section 6.

LXIII.

Des Coutumes où eft dû Vente pour foulte.

Il faut cependant excepter des maximes ci-deffus, les Coutumes qui ont des difpofitions contraires, telles que celles de Tours, Art. 151. de Nivernois, Tit. des Fiefs, Art. 24. de Loris, Ch. premier, Art. 151. Ces Coutumes portent que les foultes ou retours font fujets à Droits Seigneuriaux , & limitent l'exemption de ces Droits au feul cas où le retour eft fait de chofes mobiliaires de la même Succeffion.

LXIV.

Bail emphiteotique.

Il n'eft point dû de Lods & Ventes pour un Bail emphiteotique , ou pour Bail à loyer à longues années, comme pour 80 ou cent années, ou pour deux ou trois vies, qu'on appelle en Anjou Baux à Viage ou Vicairies, quoique ces Baux foient faits à la charge d'une penfion annuelle de bâtir & d'ameliorer.

Arrêt du 22. Août 1587. rapporté par Chopin fur Paris, Liv. 1. Tit. 2. N. 13. autre du 29 Novembre 1667. par Tronçon fur l'Art. 73. Paris.
Meaux , Art. 210.

LXV.

*Du Bail emphiteotique lorfqu'il y a
de l'argent donné.*

Si dans le Contrat de Bail emphiteotique il y a de l'argent donné ou promis par le preneur, il eft dû Ventes au Seigneur, par proportion des deniers débourfés.

Reims, Art. 153. qui a paffé en droit commun,
Dumoulin, fur l'Art. 78. Paris. N. 181.

LXVI.

Baux des Domaines congéables.

Pour Baux des Domaines congéables ou à Rente de convenant, qui fe pratiquent dans la baffe Bretagne, il n'eft pas dû de Lods & Ventes, fuivant Dargentré en fon Traité des Lods & Ventes Ch. 40.

Mais pour vente d'une fuperficie

superficie, il en est dû suivant le même auteur, chap. *39.*

LXVII.

Exponse.

N'est point dû de Lods & Ventes pour l'Exponse faite entre les mains du créancier de la rente, afin de s'en liberer.

Loiseau, du Déguerpissement, liv. 6. chap. 5. N. 10.
Dupineau, Art. 465. Anjou.

LXVIII.

Cas de fraude dans l'Exponse.

Mais s'il y avoit de la fraude dans l'Exponse, qu'elle fût faite moyennant de l'argent donné ou promis, ou remise des arrerages de la Rente, en ce cas il y auroit lieu aux Lods & Ventes, parce que ce négoce paroît volontaire,

E

& dégenere dans un Contrat équipollent à Vente.

Anjou, Art. 359. & 410. desquels on en peut tirer la conséquence.
Livoniere, Traité des Fiefs, Liv. 3. Ch. 6 § 2.

LXIX.

En vente de fruits & usufruits.

Il n'est pas dû de Lods & Ventes pour fruits vendus pour être separés du fond, ni pour vente d'usufruits.

Anjou, Art. 402.
Maine, Art. 413.
Touraine. Art. 187.

LXX.

Cas de fraude en vente d'usufruits.

Il en seroit dû s'il y avoit fraude; & la fraude se presumeroit si quelqu'un vendoit à Titius la nue propriété d'un Héritage, s'en reser-

vant l'ufufruit, & revendoit enfuite au même Titius cet ufufruit
peu de tems après, ou s'il com-
mençoit par vendre l'ufufruit de
fon fonds à Titius, & qu'il lui ven-
dît enfuite & peu de tems après, la
propriété. Les Lods & Ventes feroient dûs, tant du prix de l'ufu-
fru i, que de celui de la propriété.

Dumoulin, fur l'Art. 78. Paris. Gl. 1
N. 12. & 142.
Dargentré, Art. 65. Bretagne, Note
1. N. 4.

LXXI.

Coutumes où Ventes font dûes pour
ufufruit.

Il y a des Coutumes où les Droits
Féodaux font dûs pour vente de
Douaires & d'ufufruits.

Laon, Art. 191.
Châlons, Art. 192.

LXXII.

Vente de Bois de Haute-Futaye.

Il n'est pas dû de Lods & Ventes pour Bois de Haute-Futaye, vendus pour être abattus, cessant là fraude.

> Dumoulin. Paris , Art. 78. Gl. 1. N. 191.
> Dargentré, Traité des Lods & Ventes , Ch. 28.
> Brodeau, Art. 23. Paris, N. 14.
> Salvaing de l'usage des Fiefs Ch. 83.

LXXIII.

Ces Droits sont dûs en Provence & en Normandie.

> Livoniere, Traité des Fiefs, Liv. 3. Ch. 6. § 4.

LXXIV.

En vente de fonds pour l'utilité publique.

Lods & Ventes sont dûs pour

fonds acquis pour l'utilité publique, pour la décoration des Villes & des Maiſons Royales ; eſt
auſſi dû Droit d'Indemnité.

Dupineau, ſur l'Art. 156. Anjou.
Edit du mois d'Avril 1667.

LXXV.

Des Meubles reputés Immeubles.

N'eſt pas dû de Lods & Ventes
pour choſes mobiliaires ;

Mais lorſqu'elles ſont pour perpetuelle demeure , comme les
ſtatues cramponnées ou ſcellées
ſur leurs bazes, les Tableaux attachés à fer & à cloud, & mis pour
perpetuelle demeure ; ces choſes
& autres ſemblables étant vendues
conjointement avec le fonds , ou
ſans expreſſion particuliere , ſont
reputées compriſes dans la vente
du fonds , & Lods & Ventes en
ſont dûs, de même que les fruits

pendans par branche & racine vendus avec le fonds. Il y a des Coutumes où les fruits pendans par les racines ,.font reputés meubles ; fçavoir, les foins après la mi-May , les bleds après la S. Jean-Baptifte , & les vignes après la mi-Septembre.

Commentateurs, fur l'Art. 90. Paris. Dargentré , des Lods & Ventes. f. 27.

LXXVI.

Du démembrement.

Le Seigneur peut vendre une partie de fon Domaine hommagé, à la charge de relever de lui, en retenant fur la chofe vendue, foi & hommage, ou devoir annuel, fans pour ce, devoir de Ventes. Il y a cependant des Coutumes contraires ; par exemple, celles de Poitou, Art. 30 & 132.

Anjou, Art.. 161.
Maine, 178.
Dumoulin fur l'Art. 78. Paris Gl. 2.
N. 5.
Brodeau, fur l'Art. 22. de ladite
Coutume, N. 6. & le 78. N. 9.

LXXVII.

De la réunion.

De même fi le Seigneur achete dans fon Fief, & fait de fon Fief fon Domaine, il ne doit point de Lods & Ventes, parce qu'il les confond en fa perfonne.

Bodereau, fur l'Art. 178. Maine.

LXXVIII.

Du retrayant lignager fur le Seigneur.

Mais s'il eft évincé par un parent du vendeur qui retire par retrait lignager, il peut fe faire payer des Lods & Ventes par le retrayant, par argument de l'Art. 22 de la Coutume de Paris.

Bodereau, Art. 178. N. 8.

LXXIX.

Du Seigneur qui acquiert ayant af-
fermé son Fief.

Si le Fief étoit affermé avec tous Droits & émolumens de Fief, le Seigneur qui achete en son Fief, doit les Lods & Ventes à son Fermier; mais non s'il vend.

Dumoulin, sur l'Art 78. Paris. Gl. 1.
N. 113.
Dargentré, Traité de Lods & Ventes, Ch. 1. § 26.
Biodeau. Paris, Art. 78. N. 8,

LXXX.

Péages & Ponts.

Il n'est pas dû de Lods & Ventes pour aliénatiou de droit de

Péage fur le Pont d'une Riviere,
ou la vente d'un Pont fur une Riviere.

> Arrêt du mois de Mars 1619. pour
> le Pont de Neuilly.
> Autre du 28 Juin 1640. rapporté
> par Soefve, Tome premier, Cent.
> 1. Ch. 15. pour le Pont du Pecq
> à S. Germain.

Mais il pourroit en être dû fi
ces Droits étoient inféodés.

LXXXI.

Privilégiés , & exempts de Lods
& Ventes.

Les Secretaires du Roy, & les
Commandeurs & Chevaliers de
l'Ordre du S. Efprit, font exempts
de Lods & Ventes , & de tous
Droits Seigneuriaux, pour les terres par eux acquifes ou vendues
dans la mouvance immédiate du
Roy ; ce Privilége a été étendu à

Meſſieurs du Parlement de Paris, par Edit du mois de Novembre 1690. & à Meſſieurs les Officiers de la Chambre des Comptes & Tréſoriers de France, par autres Edits particuliers.

> Edit du mois de Novembre 1482. de Louis XI. pour les Secretaires du Roy.
>
> Autre du mois de Decembre 1743. qui confirme tous les Priviléges des Secretaires du Roy à cet égard, & dans ceux d'Echange.

LXXXII.

Des Privilégiés ſur les Princes appa-nagés.

Ce Privilége a lieu contre les Princes appanagés, contre les Engagiſtes du Domaine Royal, ſi l'Engagement eſt poſterieur au Privilége, & pour les terres qui relevent des Archevêchés & Evêchés vacans en regale.

Arreſt du vingt-un Mars mil ſix ſix cent quarante-un, rendu contre M. le Duc d'Orléans, rapporté au Journal des Audiences, Tome premier, Livre 3. Chap. 70.

Autre Arreſt du ſept Juin mil ſix cens ſoixante-ſix, rapporté au Journal des Audiences, Tome 2. Liv. 8.

LXXXIII.

Cas d'éviction du Privilege.

Si le Secretaire du Roy ayant acquis une Terre dans le Domaine de la Couronne, en eſt depuis évincé par retrait, de la part d'un Privilégié, il ne peut demander le rembourſement des Lods & Ventes.

E vj

Arreſt du cinq Avril mil ſix cent ſept, rapporté par Louet, Let. V. Ch. 22.

Charondas, ſur l'Article 138. Paris.

Grimaudet des Retraits, Liv. 8. Chapitre 5.

LXXXIV.

Lorſque le retrayant n'eſt pas privilégié.

Si le Retrayant n'eſt pas privilégié, on jugeoit autrefois qu'il devoit rembourſer les Lods & Ventes à l'Acquereur privilégié : mais la Juriſprudence actuelle eſt que l'Acquéreur privilégié ne peut répeter des Droits Seigneuriaux qu'il n'a point payés, parce que ce Privilége conſiſte dans un Droit d'exemption perſonnelle, & ne porte pas donation des Droits Seigneuriaux, qui puiſſe en fonder l'exaction contre un autre.

Arrêt du 21 Août 1649. rapporté
au Journal des Audiences, Tom.
premier, liv. 5 Ch. 47.
Autre du 18 Décembre 1668.
Journal des Audiences, Tom. 3.
Liv. 2. Ch. 27.
Journal du Palais, Tom. 2. Page
373.

LXXXV.

*Le retrayant non privilegié doit payer,
les Lods & Ventes au Domaine.*

Mais en ce cas, le retrayant non
privilégié ne demeure pas pour cela déchargé des droits de Lods &
Ventes, il fera tenu de les payer
au Fermier ou au Receveur du Domaine, comme il a été pratiqué
dans l'efpece de ces Arrêts qui font
conformes à la doctrine de Dumoulin fur l'Art. 22 de la nouvelle
Coûtume de Paris N. 5.

LXXXVI.

Du retrait fait sur un Acquereur non privilegié.

Si un privilegié retiroit par retrait lignager sur un Acquereur non privilegié qui auroit payé les Lods & Ventes au Receveur du Domaine, il seroit tenu de rembourser à l'Acquereur les Lods & Ventes; mais il peut se pourvoir en repetition contre le receveur du Domaine, comme substitué en la place de l'Acquereur & comme le représentant.

Edits des 14 Avril & 12 Mai 1555. rappottés pat Dumoulin sur la nouvelle Coutume de Paris N. 6.

LXXXVII.

Des remises sur les Lods & Ventes.

C'est un usage & une coutume généralement établis de faire re-

mife d'une partie des Lods & Ventes, les Chapitres & Communautés Eccléfiaftiques, les Adminif-
trateurs d'Hôpitaux & Maifons de
charité font en poffeffion & en
droit de la pratiquer; il en eft de
même des Receveurs du Domaine
& ils y font autorifés par les Cham-
bres des Comptes.

> Brodeau fur l'art. 76. Paris N. 21.
> Lettres Patentes d'Henri II. du mois
> de Novembre 1556.
> Salvaing, de l'ufage des Fiefs Chap.
> 86. & 87.
> Dargentré, art. 71. Bretagne note
> unique N. 8. & Chap. 4. Traité
> des Lods & Ventes.

LXXXVIII.

Du Seigneur mineur, & du Tuteur.

La maxime ci-deffus eft fi conf-
tante que fi un Seigneur de Fief
mineur avoit fait remife d'une partie des Lods & Ventes qui lui

étoient dus jufqu'au quart, au tiers
ou à la moitié, il ne feroit pas ref-
tituable.

Le tuteur peut remettre le tiers
& même moitié.

Dupineau, art. 156. Anjou.
Brodeau, art. 23. Paris N. 5.

LXXXIX.

*De la remife faite par le pere à fon
fils.*

Des mêmes principes, il réfulte
que fi un pere, Seigneur de Fief, a
fait remife des Lods & Ventes à
fon fils Acquereur, cette remife
n'eft pas fujette à rapport.

Brodeau, fur l'art. 76. Paris N. 22,
Ferriere, art. 23 Paris gl. 4. N. 5.
eft du même avis, lorfque la remife n'excede pas la moitié.

X C.

*Le Seigneur ne peut faire de remife
au préjudice de fon Fermier.*

Si le Fief dominant eft affermé,
le

le Seigneur ne peut remettre les Lods & Ventes au préjudice de son Fermier, parce qu'il n'eſt pas permis de faire libéralité du bien d'autrui.

Et celui qui a obtenu cette re-miſe du Seigneur, & qui nonobſ-tant a payé les Lods & Ventes en entier au Fermier, ne peut avoir de recours de garantie contre le Seigneur, par la raiſon qu'on ne doit pas tourner le bienfait contre ſon auteur.

Arrêt du mois d'Août 1589. rap-porté pat Chopin, Anjou liv. 2. N. 1 4. des Lods & Ventes.
Loi 62. ff. de ædilit edicto & 18 §. dernier ff. *de donationibus*.

XCI.

Ducas où le Bail eſt public.

Celui qui auroit payé au Sei-gneur une partie des Lods & Ventes avec remise du surplus, peut être contraint à les payer au Fermier si le bail étoit connu à l'Acquereur : par exemple, si c'étoit un Bail judiciaire que les formalités rendent public ou autrement notoire à l'Acquereur.

Mais si l'Acquereur étoit dans une juste cause d'ignorance que le Fief fût affermé avec les émolumens & profits féodaux, il est bien quitte sauf le recours du Fermier contre le Seigneur.

Livoniere, Traité des Fiefs liv. 3. Chap. 7.

XCII.

Lorsque celui qui a composé ne demeure pas Acquereur.

Lorsqu'il arrive que celui qui a composé des Lods & Ventes & obtenu remise d'une partie dans la vûe d'acquérir, ne demeure pas

'Acquereur par l'évenement, ayant
été exclus par un plus haut enche-
risseur ou autrement, si la remise est
limitée à la personne en faveur de
qui elle est faite ; par exemple, s'il
est dit au cas qu'un tel achete une
telle terre je lui remets telle partie
des Ventes , alors celui au profit
de qui elle a été faite ne se trou-
vant pas Acquereur, il ne peut s'en
prévaloir contre l'Acquereur , & le
Seigneur est rentré dans tous ses
droits.

Mais si celui qui dans le dessein
d'acheter une terre a traité des
Lods & Ventes avec le Seigneur,
s'est fait céder pour une somme les
droits Seigneuriaux qui lui seroient
dûs pour la premiere vente ou adjudication qui seroit faite d'une telle terre , en ce cas s'il ne demeure
pas acquereur , il peut exiger de celui qui le sera , les droits Seigneuriaux en entier.

Arrêts rapportés par Brodeau fur
Louet, Lett. C. Chap. 13.
Par le même, fur l'art. 23. Paris N. 5.
Et fur l'art. 76. Nomb. 23.

XCIII.

*L'Acquereur peut exiger le total des
Lods & Ventes du retrayant.*

Quoique l'Acquereur ait eu don
ou remife des Lods & Ventes en
tout ou partie, il peut néanmoins exiger le total des Lods &
Ventes du retrayant.

Brodeau fur Louet, Lett. S. Chap.
22. N. 4. en rapporte 4 Arrêts.
Dumoulin, art. 22. Paris N. 6.
Chopin fur Anjou liv. 3. tit. du re-
trait lignager. N. 24
Dupleffis Paris pag. 279. & 280.
Poitou art. 354.
Berri, tit. du retrait art. 12.

XCIV.

Exceptions.

Si cependant la remise n'étoit pas faite par considération personnelle de l'Acquereur, mais par une espece de droit commun, comme les remises qui se font par les Fermiers & receveurs du Domaine, en ce cas, le retrayant en doit profit erparce qu'il n'est pas obligé de rembourser à l'Acqueteur les Lods & Ventes qu'il n'a point payés.

Dargentré Bretagne, art. 71. gl. unique N. 8.
Coquille, question 184.
Salvaing Ch. 86. & 87.
Arrêt du 10 Août 1626. au profit de M. d'Elbeuf.

XCV.

Nature de l'action pour Lods & Venes.

L'action pour les Lods & Ven-

tes & profits feodeaux eſt perſonnelle & réelle contre l'Acquereur,
ſa veuve ou héritiers & contre le
tiers détenteur. L'Acquereur peut
être pourſuivi par action réelle &
par action perſonnelle.

> . Anjou art. 158.
> Maine art. 175.
> Commentateurs ſur ces articles.
> Idem ſur les art. 24. & 81. de Paris.
> Henris Tom. 2. liv. 3. queſtion 18.

XCVI.

Preſcription.

L'action pour Lods & Ventes
dure 30 ans contre l'Acquereur ſa
veuve & heritiers : cela eſt de droit
commun , mais paſſé les 30 ans la
préſcription a lieu entre majeurs
& non privilégiés, nonobſtant qu'il
y ait eu fraude, même en faveur de
ceux qui ſont en mauvaiſe foi.

> Anjou art. 158.

Maine , art. 175.
Livoniere traité desFiefs l. 3. Ch. 10.

XCVII.

De l'action contre le tiers détenteur.

L'action contre le tiers détenteur pour Lods & Ventes, dûs par
son predecesseur se prescrit par dix
ans entre presens & 20 entre ab-
sens dans la Coutume de Paris &
autres semblables.

Commentateurs sur les art. 24. 73.
& 81. de ladite Coutume.

Mais dans les Coutumes d'Anjou & du Maine, l'action contre le
tiers détenteur dure 30. ans.

Anjou att. 440,
Maine art. 451.

XCVIII.

Privilege du Seigneur.

Le Seigneur a un privilege à

tous créanciers pour les droits de Lods & Ventes sur l'héritage mouvant de lui, tant pour les droits dûs par le dernier Acquereur, que pour ceux dûs par ses auteurs & non prescrits.

> Paris art. 358. tenant lieu de droit commun en ce point.
> Commentateurs sur ledit article.
> Arrêts rapportez par Henris, journal du Palais tome 2 livre 5. quest. 57.

LXXXXIX.

Cas où le Seigneur peut saisir feodalement.

Le Seigneur, outre l'action réelle & personnelle, a le droit de saisir feodalement en certains cas, sçavoir, au Maine & en Anjou dans l'an du décès de l'Acquereur contre la veuve & héritiers ; & à Paris, pour les Fiefs quarante jours après.

Anjou

Anjou art. 158. & 416.
Maine art. 175. & 429.
Paris art. 1. & 24.

C.

De l'amende faute de notifier son Contrat.

Si l'Acquereur manque à notifier son Contrat, il encourt la peine de l'amende.

Les délais pour faire cette notification sont déterminés differemment par les Coutumes.

Celle de Paris art. 77. veut que pour Ventes recellées & non notifiées au Seigneur censier dans les 20 jours il soit dû un écu & un quart d'écu.

Article 153. d'Anjou. Pour Ventes recellées pendant 30. jours il y a amende de loi qui est de 7 s. 6 d. pour les nobles & 10 s. pour les roturiers, & pour Ventes récellées, par an & jour il y a 60 sols tournois.

G

Suivant l'article 171, du Maine, le premier délai n'eſt que de 8 jours, paſſé lequel eſt dû amende de loi ; & pour an & jour eſt dû 60 ſols Mançais.

CI.

Du cas de fraude.

La fraude eſt ſi odieuſe du Vaſſal au Seigneur, que le Seigneur peut ſe plaindre & ſe faire faire juſtice ; par exemple : deux particuliers, dont l'un avoit deſſein de vendre, & l'autre d'acheter, ont ſimulé un Contrat de bail à rente fonciere & perpétuelle ſous une contre-lettre ſecrette portant faculté de la racheter, & ſous des conditions verbales d'en faire & d'en recevoir le rachat, ce qui a depuis été exécuté clandeſtinement ; dans ce cas les Lods & ventes ſont dûs, & le Seigneur eſt

recevable à prouver la fraude &
la simulation par témoins, contre
la regle générale établie par l'Ordonnance de Moulins & par celle
de 1667. qui n'ont point lieu en
matiere de fraude.

Arrêts rapportés par Louet & Brodeau lett. T. Chap. 7.
Dargentré sur l'art. 269. Bretagne,
aux mots, au Contrat N. 8.

DROITS D'ECHANGES.

ARTICLE PREMIER.

Etabliſſement du Droit d'Echange.

PAr Edit du mois de Mai 1645.[*] Sa Majeſté voulant prévenir les abus & les fraudes qui ſe comettoient de la part de ceux qui voulant acquérir des héritages, faiſoient des échanges ſimulés avec leurs vendeurs, ſoit avec d'autres héritages ou des rentes conſtituées, & fruſtroient par ce moyen le Roi & les Seigneurs particuliers, de la plus grande partie de leurs droits feodaux, ordonna que les mêmes droits Seigneuriaux établis & reglés par les Coûtumes des lieux pour les mutations, à titre de vente ſeroient payés pour celles

[*] Recueil des Echanges, page 299.

qui se feroient à titre d'échange, soit que les échanges fussent faits d'immeubles contre immeubles, mouvans en Fief ou en roture des domaines du Roi, ou soit qu'ils fussent dans la mouvance des Seigneurs particuliers du Royaume.

II.

Faculté aux Seigneurs & aux Engagistes d'acquerir les droits d'Echanges sinon que le recouvrement en seroit fait au profit du Roi.

La même Loi fut renouvellée par Déclaration du 20 Mars 1673.* & par Edit du mois de Février 1674. ** & ordonné que les droits d'Echanges seroient payés pour les biens dépendans des domaines du Roi qui étoient libres ou alienés, entre les mains des Receveurs Généraux, si mieux n'aimoient les engagistes des domaines alienés ac-

* Recueil des Echanges, page 319.
** Idem. page 326.

Giij

quérir lefdits droits , lefquels feroient alienés moyennant finance
aux Seigneurs féodaux & cenfiers,
chacun dans l'étendue de leurs
Seigneuries; avec défenfes à ceux
qui ne les auroient pas acquis, de
les exiger.ni même de les recevoir
en cas qu'ils leur fuffent volontai-
ment offerts,à peine de reftitution
du quadruple & de 3000 liv. d'a-
mende contre les Seigneurs, & à
l'égard des redevables de payer
deux fois.

III.

*Déclaration qui ordonne l'adjudica-
tion des droits d'Echange tant Eccléfiaftiques que Laïques.*

Par autre Déclaration du 13
Mars 1696. il eft encor ordonné
que les droits , tant dans les Domaines du Roi alienés , que dans
l'étendue des terres & Fiefs des

Seigneurs particuliers tant Ecclé-
siastiques que Laïques, seroient adjugés au plus offrant & dernier enchérisseur; ce qui fut encore ordonné par Arrêt du Conseil du 4 Février 1698. à la charge par les acquéreurs desdits droits, de les tenir à titre de Fief mouvant de Sa Majesté, à cause de son Domaine le plus prochain.

I V.

Déclaration qui permet aux Seigneurs de Fief de rembourser les acquereurs particuliers, & ordonne le payement du doublement.

Par Déclaration du Roi du 11 Août 1705. * il fut permis aux Seigneurs des terres & Fiefs, dont les droits d'Echanges avoient été acquis par des particuliers, de retirer & réunir lesdits droits à leurs Terres, Fiefs & Seigneuries, en

* Recueil des Echanges, page 398.

payant au Roi par forme de doublement, pareilles sommes que lesdits Acquereurs auroient payées
pour l'acquisition desdits droits, soit
qu'ils les eussent acquis de Sa Majesté, ou de ceux à qui lesdits droits
auroient été alienés par Provinces
& Généralités, à la charge par lesdits Seigneurs de faire ledit rem-
boursement dans trois mois du jour
de l'enregistrement de la Déclaration; & faute par eux d'exercer le
rachat dans ledit délai, il fut ordonné que les Acquereurs particuliers seroient maintenus & confirmés dans la possession & jouissance desdits droits, à condition
qu'ils payeroient à Sa Majesté pareilles sommes que celles qu'ils
avoient déja payées pour en faire
l'acquisition.

V.

De ceux dispensés du payement du doublement.

Par cette même Déclaration, les Seigneurs qui avoient acquis les droits d'Echanges dans leurs Fiefs, & les particuliers qui les avoient acquis par Provinces & Généralités, furent dispensés de payer le doublement; & il fut permis à ceux-ci de continuer de vendre & aliener lesdits droits, à condition que ceux qui les acquereroient, seroient tenus de payer à Sa Majesté pareilles sommes que celles qu'ils payeroient pour leurs acquisitions, dont le Garde du Trésor Royal leur expedieroit les quittances nécessaires ; à l'effet de quoi les Acquereurs seroient tenus de remetre des extraits de leurs Contrats avec défenses d'entrer en posseffion defdits droits qu'après avoir payé le doublement.

VI.

De la jouiſſance que doivent avoir les hauts juſticiers qui ont acquis.

Les Seigneurs des Paroiſſes qui avoient acquis les droits d'Echanges dans l'étendue des Paroiſſes dont ils avoient la juſtice, prétendirent que les droits d'Echanges leur appartenoient , dans l'étendue des Fiefs qui étoient enclavés dans leur Juſtice; mais par Arrêt du Conſeil du 11 Janvier 1707. il fut ordonné conformément à la Déclaration du 11 Août 1705. que les Seigneurs qui poſſedoient la directe univerſelle des Paroiſſes dont ils avoient acquis les droits d'Echanges, ſeroient maintenus ſans être obligés de payer aucun doublement ; & à l'égard de ceux qui ne possedoient qu'une partie de la directe & censive des Paroisses, dans l'étendue desquelles ils avoient acquis les droits d'Echange, il fut ordonné que faute par les possesseurs des Fiefs enclavés dans lesdites Paroisses, d'avoir payé le doublement, conformément à la Déclaration de 1705. les Seigneurs des Paroisses seroient maintenus & confirmés dans **la** proprieté, possession & jouissance desdits droits dans l'étendue des Fiefs enclavés, en payant le doublement, que sa Majesté auroit réduit en leur faveur, à la moitié du prix qu'ils avoient précédemment payé pour l'acquisition **des droits** de leurs Paroisses.

VII.

Prorogation en faveur des Seigneurs de Fiefs.

Par autre Déclaration du 16 Février 1715. il fut encore permis à tous les Seigneurs des Terres & Fiefs, tant ecclésiastiques que laïques dans l'étendue desquels les droits d'Echange avoient été acquis par des particuliers, de les retirer & réunir à leurs Terres, Fiefs & Seigneuries en remboursant comptant aux Acquereurs, le prix de leurs acquisitions tant en principal que 2 sols pour livre ; à l'effet de quoi , les Seigneurs pourroient pendant l'espace d'un an acquérir lesdits droits, sinon qu'ils en demeureroient pour toujours déchus.

VIII.

Des Seigneurs aufquels les droits d'Echanges appartiennent par les Coutumes.

On a excepté par ces Edits les Coutumes qui donnent aux Seigneurs les mêmes droits ordonnés par iceux, mais fi fuivant lefdits Edits il eft dû au de là de ce que les Coutumes accordent aux Seigneurs dans le cas de vente, l'excedant appartient au Roi ou à fes Fermiers.

Voyez l'enregiftrement de la Déclaration du 20 Mars 1748. art. 18 cy après.

IX.

Referve des Lods & Ventes dans les Domaines engagés par démembrement des chefs-lieux.

Edit du mois de May 1715. por-

tant que nonobſtant les aliénations
qui pourroient avoir été faites des
Juſtices & Seigneuries par démembrement des chefs-lieux dépendans
des Domaines du Roi, en exécution de ſes Edits des mois de Mars
1695. Avril 1702. & Août 1708.
& Déclarations rendues en conſé-
quence, Sa Majeſté ſe réſerve ex-
preſſément tous les droits de Quint
& Requint, & autres dûs aux mutations des Fiefs mouvans de Sa
Majeſté ; ſoit à cauſe de la tour du
Louvre , ou des domaines qui
avoient été démembrés, & ordonne que leſdits droits ſeroient perçus à ſon profit ainſi qu'il étoir accoutumé avant leſdites alienations;
ordonne en outre que les Acquereurs deſdits domaines jouiroient
ſeulement des revenus fixes & des
Lods & ventes des Terres roturie-
res dépendantes des domaines qui
leur avoient été alienés.

X.

Droits dans les domaines qui font dans la main du Roi.
Et engagemens Antérieurs à 1674.

Les droits d'Echanges dans l'étendue des domaines qui n'ont point été alienés ou qui ont été réunis appartiennent au Roi. Les engagiftes des domaines du Roi, dont les engagemens font antérieurs à l'Edit du mois de Février 1674. ont dû acquerir depuis cet Edit les droits d'Echange; & faute par eux de les avoir acquis, ils ne peuvent en jouir, & ces droits doivent être perçus dans l'étendue de leur engagement par les Receveurs Généraux des domaines.

X I.

Des engagemens postérieurs à 1674.

Dans les aliénations des domaines du Roi qui ont été faites depuis l'Edit de Février 1674. les droits d'Echanges y sont compris; mais il faut faire attention que les engagistes ne doivent jouir desdits droits, que pour les biens mouvans immédiatement des domaines qui leur ont été engagés ; & ils ne peuvent rien prétendre dans l'étendue des Fiefs qui y sont enclavés à moins que dans les titres d'engagemens il n'en soit fait une expresse mention, & que les engagistes n'ayent payé le doublement ordonné par la Déclaration de 1705. parce que respectivement à ces Fiefs enclavés, ils ne peuvent être considerés que comme Acquereurs particuliers & par conséquent féquent foumis à l'exécution de ladite Déclaration.

XII.

Diftinctions des engagemens depuis 1674.

Les engagiftes des Terres, Fiefs, ou Seigneuries, demembrés des chefs-lieux & qui leur ont été adjugés en exécution des Edits des mois de Mars 1695. Avril 1702. & Août 1708. & des Déclarations du Roi rendues en conféquence, ne peuvent jouir des droits d'Echanges que pour les biens en roture; fitués dans l'étendue des Paroiffes, Fiefs ou Seigneuries, qui leur ont été adjugés, c'eft à quoi leur titre eft limité par l'Edit du mois de Mai 1715. en conféquence duquel les droits d'Echanges des Fiefs & biens nobles fitués dans l'étendue defdits

H

engagemens appartiennent au Roi.

XIII.

Du Seigneur haut Justicier.

Si un principal Seigneur ou un Haut Justicier, avoit acquis les droits d'Echanges dans l'étendue de toute sa Jurisdiction, & qu'il s'y trouvât d'autres Seigneurs, sans que le Haut Justicier eût payé le doublement ordonné par la déclaration du 11 Août 1705. conformément à l'Arrêt du Conseil du 11 Janvier 1707. il ne pourroit exercer son droit que dans l'étendue de sa mouvance & sur ses tenanciers, & il ne doit rien prétendre dans l'étendue des Fiefs enclavés dans sa jurisdiction, quand même ces Fiefs releveroient de sa Seigneurie ; ce ne pourroit être que dans le seul cas, qu'un de ces Fiefs fût échangé, que le Seigneur Haut-

Justicier pourroit prétendre les droits d'Echange, comme le corps du Fief étant de sa mouvance.

XIV.

Droits d'Echanges non alienés, ou anéantis depuis l'aliénation.

Les droits d'Echanges dans l'étendue des Fiefs particuliers qui n'avoient pas été alienés ; ceux dont les alienations ont été anéanties par l'inexécution des Déclarations & Edits de 1673. 1674, 1705. & Fevrier 1715. appartiennent au Roi & doivent être perçus au profit du Fermier, suivant les Arrêts du Conseil des 12 Décembre 1724.* & 22. Octobre 1737.**

* Recueil des Echanges, page 428.
** Idem. page 437.

X V.

Les Secretaires du Roi du Grand-Collége font les feuls éxempts des droits d'Echange.

Avant l'Edit du mois de Décembre 1743. perfonne n'étoit éxempt du droit d'Echange dans l'étendue des Fiefs & Seigneuries particulieres. La queftion ayant été décidée contradictoirement contre des Secretaires du Roi par arrêts du Confeil des 21 Mars 1682.* & 23 Décembre 1738.** lefquels ordonnent que tous les privilegiés,& notamment les Commandeurs & Officiers de l'Ordre du Saint Efprit feront tenus de payer, au profit de Sa Majefté, les droits d'Echanges des biens qu'ils ont acquis ou qu'ils acquereront à titre d'E-

* Recueil des Echanges, page 350.
** Idem. page 453.

change, dans les directes & mouvances des Seigneurs particuliers aufquels lefdits droits n'auront point été alienés : mais par cet Edit les Secretaires du Roi du Grand Collége ont été exemptés defdits droits d'Echange.

XVI.

Les Receveurs & Controlleurs Généraux des Domaines n'ont rien dans les droits des Terres des Seigneurs Particuliers.

Jugé par Arreſt du Conſeil du 14 Avril 1739.* que les Receveurs & Controlleurs Généraux des Domaines & Bois n'ont rien à prétendre dans les Droits d'Echanges qui ſont dûs dans l'étendue des Terres & Fiefs des Seigneurs Particuliers qui ne les ont point duement réunis, ou qui n'ont pas été valablement alienés.

* Recueil des Echanges, page 460.

XVII.

Des Juges qui doivent connoître des contestations.

Les contestations pour Droits d'Echanges doivent être introduites par une assignation, & portées aux Bureaux des Finances.

L'Article III. de l'Arrest du Conseil du 13 Octobre 1739. [*] fait l'exception ci-après.

Les contestations au sujet du recouvrement à faire pour les Fermiers de Sa Majesté, des Droits dûs pour échanges d'héritages, mouvans & dépendans en Fief ou en Roture, des Fiefs & Seigneuries des Seigneurs Particuliers , qui n'auroient pas acquis lesdits Droits, feront portées devant les Sieurs Intendans & Commissaires départis, qui en connoîtront en premiere instance, Sa Majesté leur en attribuant toute Cour & Jurisdiction ,

[*] Recueil des Echanges , page 491.

& par appel au Conseil.

XVIII.

Par Declaration du Roy du 20 Mars 1748. il est ordonné:

ARTICLE PREMIER.

Declaration de 1748. qui ordonne l'aliénation des droits d'Echanges.

Que les Droits Seigneuriaux dûs pour mutations par échanges, en vertu des Edits & Declarations des mois de May 1645. 20 Mars 1673. Fevrier 1674. & autres Réglemens depuis intervenus dans l'étendue des Fiefs & Terres des Seigneurs Particuliers, tant Ecclésiastiques que Laïcs, même des Domaines de Sa Majesté engagés, soient vendus & aliénés, à l'effet de quoi il seroit arrêté au Conseil des Rolles de la Finance à laquelle seroit fixé le prix des aliénations des Droits d'Echanges dans l'étendue de ses Domaines engagés, & de chacune des Terres, Fiefs & Seigneuries du Royaume, dont les Engagiftes & les Seigneurs ne les ont pas déja acquis.

II.

Préference aux Seigneurs d'acquérir pendant six mois.

Que lefdits Engagiftes & Seigneurs pourront acquérir par préference lefdits Droits, pendant l'efpace de fix mois, à compter du jour de la fignification des Rolles faite à perfonne ou domicille, pour en jouir par les Engagiftes à titre d'engagement & fous faculté de rachat perpetuel, & par les Seigneurs & Propriétaires des Fiefs en pleine propriété, comme des autres Droits dépendans de leurs Terres & Fiefs, & fous la mouvance du Domaine de Sa Majefté, le plus prochain, en payant par eux les Finances portées par

les

les Rolles, paſſé lequel tems pour toute préfixion & délai, qui ne pourra être réputé comminatoire, & en vertu de ladite déclaration, ſans qu'il ſoit beſoin d'aucun Jugement ni de ſommation, il ſera procedé à l'adjudication deſdits Droits d'Echange, au plus offrant & dernier encheriſſeur en la maniere accoûtumée, voulant que toutes perſonnes puiſſent acquérir leſdits Droits, pour les poſſeder par ceux qui s'en rendront acquéreurs dans les Terres & Fiefs appartenans aux Seigneurs Particuliers à titre de Fief mouvant de Sa Majeſté, à cauſe de ſon Domaine le plus prochain.

III.

Privilege des acquereurs, autres que les Seigneurs.

Que leſdits Acquéreurs ſeront

reputés Seigneurs en partie des Terres, Fiefs & Seigneuries dans l'étendue desquels ils auront acquis les droits & pourront en prendre le titre, voulant qu'ils jouissent de tous les droits attachés à la qualité des Seigneurs des Fiefs après les Seigneurs, qui seront tenus à la premiere réquisition desdits acquereurs, de leurs exhiber leurs papiers terriers & autres pieces justificatives de l'étendue de leurs directes, même de leur en fournir s'ils le requerent, des copies ou extraits en bonne forme, aux frais desdits acquereurs.

Enregistrement & restrictions y portées.

Par l'enregistrement fait au Parlement de Paris de cette déclaration le 23 Mars 1748. il est dit qu'elle sera exécutée pour avoir lieu

dans les Coutumes qui ne donnent
pas les droits d'Echanges aux Seigneurs ou qui les donnent moin-
dres que ceux dûs pour ventes,
conformément à la déclaration du
premier Mai 1696. *

Que l'art. 3 ne pourra néanmoins
être entendu que des droits honori-
fiques dans l'Eglise seulement, tels
qu'ils appartiennent aux Seigneurs
des Fiefs, & que les acquereurs desdits droits ne pourront exiger des
Seigneurs autre communication
que celle des titres relatifs aux
droits d'Echange qui leur seroient
contestés en le faisant dire & ordonner avec lesdits Seigneurs &
sans déplacer, & sans approbation
des Edits & Déclarations non re-
gistrés en la Cour, & Arrêts énon-
cés en ladite Déclaration.

* Recueil des Echanges, page 370.

RELIEFS OU RACHATS.

PREMIERE MAXIME.

Définition du Rachat.

LE droit de Rachat ou de Re-lief, eſt le revenu d'une année du Fief ſervant, ou l'eſtimation que le Seigneur a droit de prendre en certains cas reglés diverſement par les Coutumes.

> Loiſel, tit. des Fiefs reg. 13.
> Paris, art. 47.
> Arretés de Lamoignon des droits
> Seigneuriaux art. 50.
> Anjou, art. 113.

I I.

Cas generaux où Rachat eſt dû.

Les cas les plus ordinaires où ce droit a lieu, ce ſont les ſuccef-ſions, les donnations & le mariage. En Dauphiné & en Poitou ce droit s'appelle plait, & en d'autres lieux muage ou muance ; à Paris Relief, & en Anjou Rachat.

Livoniere chap. 1. du rachat.

III.

Cas generaux où Rachat n'est pas dû.

Regulierement il n'est point dû de rachat pour les successions qui arrivent en ligne directe.

Paris, art. 3. & 4.

IV.

Cas où Rachat est dû en ligne directe.

Exceptions. Paris pour tous les Fiefs qui se gouvernent suivant la Coutume du Vexin - le - François art. 3. est dû Rachat à toute mutation même en ligne directe.

En Anjou & au Maine, ce droit est du par les petits enfans qui re-

ceuillent les fucceffions de leurs
ayeuls ou ayeules ou autres afcen-
dans, fuivant les art. 84. d'Anjou
& 97. du Maine.

Loudun, chap. 14. art. 2. porte
même difpofition.

En Poitou, art. 148 dans les can-
tons y portés les héritages tenus à
hommage Lige font affujettis au
devoir de rachat à toute mutation
du vaffal, même du pere au fils.

En Dauphiné, fuivant M. Salvaing du plait Seigneurial chap.
2. ce droit eft dû à toute mutation,
même en directe.

En Anjou & au Maine, fuivant
les art. 97. d'Anjou & 100. du
Maine, les puînés nobles doivent
rachat des héritages qu'ils ont en
proprieté de leur pere ou mere, fondé fur ce que dans ces Coutumes
les puînés nobles ne font héritiers
qu'en bienfait & ufufruit.

Dans lefdites Coutumes d'Anjou & du Maine si l'ayeul ou l'ayeule succede au petit fils, est dû rachat.

Livoniere, Traité des Fiefs, Liv. 4. Ch. 1. Section 1.

V.

Rachat dû en toutes successions collaterales.

Regulierement le rachat est dû en toutes successions collaterales sans distinction de degrés.

Paris, art. 33.
Dumoulin sur cet art. & autres Commentateurs.

VI.

Exception où Rachat n'est pas dû en collaterale au premier degré.

Il y a des Coutumes qui exemptent du rachat les héritiers en collaterale au premier degré, comme du frere au frere, du frere à la sœur

& de la sœur au frere, parce que ces Coutumes supposent que ces succeffions se reveillent fans moyen, & qu'elles établiffent pour principe qu'il n'y a que l'héritier par moyen qui doive le rachat.

> Anjou, art. 84.
> Maine, 97.
> Touraine, art. 133.
> Loudun, chap. 14. art. 2.
> Chatellenie d'Iffoudun Coutume de Berry tit. 5. des Fiefs art. 11. idem.

VII.

De l'heritier bénéficiaire.

L'héritier bénéficiaire doit le rachat de même que l'héritier pur & fimple, mais il ne le doit pas en fon privé nom, il peut l'employer dans fon compte.

> Henrys tome 2. de fes Arrêts liv. 3. queftion 14.

V I I I.

De la mort civile.

Est dû rachat dans le cas de la mort civile irrévocable, comme la profession religieuse.

Dargentré sur l'art. 78. Bretagne note 2. nomb. 2.

I X.

Condamnation aux Galeres & ba-nissement.

Mais il en est autrement de celle qui arrive par condamnation aux Galeres perpétuelles , ou banisse-ment perpétuel hors le Royaume, ou à mort par contumace qui n'est pas sans espérance de retour ; cette mort civile n'étant pas irrévoca-ble , ne donne point ouverture au rachat,

Paulmier sur l'art. 84. d'Anjou.

X.

Des abſens.

Suivant les art. 269. d'Anjou & 287. du Maine l'abſent, ne donnant point de ſes nouvelles après ſept ans, eſt reputé mort, & ſes héritiers peuvent ſe mettre en poſſeſſion de ſes biens; & dans ce cas le Seigneur peut ſe faire payer du rachat des héritiers par moyen en donnant caution.

Dans les Coutumes qui n'ont pas cette diſpoſition, le Seigneur peut faire trois choſes, l'une de prouver la mort naturelle de l'abſent, ou ſurſeoir juſqu'à ce que le Vaſſal ait atteint l'âge de 100 ans pour en inferer la mort, ou attendre 30 années depuis le jour de l'abſence ſans qu'on en ait eu de nouvelles, en donnant par le Seigneur caution dans ce dernier cas, & ceux qui prétendroient que le vassal est vivant doivent le prouver.

Livoniere traité des Fiefs liv. 4. chap. premier Sect. 2.

X I.

De la renonciation faite par un cohéritier

Par la renonciation faite par un enfant à la succession de ses pere & mere, la portion qu'il avoit à cette succession n'opere ni ventes ni rachat, parce que sa portion appartient aux autres par droit d'accroissement, quand même cette renonciation seroit faite moyennant une somme d'argent ou autre chose équipollente, & par voye de cession & transport, pourvû qu'il n'y ait pas eu de partage précédent.

Commentateurs sur l'art. 6. Paris. Dupineau sur l'art. 84. d'Anjou.

X I I.

Du cas où tous les enfans renoncent.

Dans la Coutume de Paris &
autres semblables, si tous les enfans renoncent à la succession de
leur pere ou mere, & que les petits
enfans l'acceptent, ils ne doivent
point de relief, parce que ce droit
n'est pas dû en ligne direct, mais
le droit seroit dû si cette succession
étoit acceptée par des collateraux :
il seroit aussi dû en Anjou & au
Maine au premier cas.

Livoniere liv. 4. chap. 1. Sect. 3.

X I I I.

Du Curateur à biens vacans.

Lorsque la succession est répu-
diée par tous les héritiers présomp-
tifs, & que les Créanciers sont obligés de faire créer un Curateur aux

biens vacans. Chopin fur Anjou liv. 2. tit. des rachats, eft d'avis que le rachat eft dû.

Dumoulin fur l'art. 28. Paris, eft d'un avis contraire, ainfi que Dupineau fur l'art. 84. d'Anjou.

Livoniere fur cette queftion, fol. 278. de fon Traité des Fiefs, propofée un temperamment pour concilier ces auteurs.

Il convient que le rachat n'eft pas dû par l'établiffement du Curateur à biens vacans, mais que le Seigneur ne peut être forcé de recevoir la foi & hommage offerte par ce Curateur, à moins qu'il ne la faffe du confentement des créanciers en qualité d'homme vivant & mourant, par le decès du quel le rachat fera dû s'il arrive avant que les biens vacans foient adjugés par decret : & il prétend que le Seigneur peut forcer à prendre ce parti en faififfant feodalement.

Bacquet Traité des Droits de Juſtice, chap. 14. N. 20.
Brodeau, Ricard & Dupleſſis ſur
l'art. 34 Paris.
Arrêt rapporté par Dumoulin ſur
l'art. 85. Paris gl. 1. N. 99. de
l'année 1544.

XIV.

De la Saiſie réelle.

Il en eſt de même au cas de la
Saiſie réelle, appoſée ſur les biens
d'un Vaſſal vivant; le Commiſſai-
re aux Saiſies réelles peut faire la
foi, ſans ſe donner pour homme
vivant & mourant.

Paris art. 34.

XV.

De la Donation aux Etrangers.

Le Rachat eſt dû pour toute donation faite à un Etranger, dès l'inſ-
tant de la donation, même à titre

gratuit. *Vide* Art. 37. des Lods &
Ventes.

Paris art. 33.
Anjou art. 96.
Maine art. 109.

XVI.

De la révocation de Donation.

Si la Donation étoit révoquée
par ingratitude ou survenance
d'enfans au Donateur, le droit de
Rachat est également dû, & s'il
n'étoit pas payé avant la révocation, le Seigneur a droit de le faire
payer.

Dumoulin sur l'art. 33. Paris gl. 1.
N. 57. & 58. & autres Commentateurs.

XVII.

De la Donation avec réserve d'usufruit.

Si la Donation est faite avec ré-

ferve d'ufufruit, le Rachat eft dû
du jour de la Donation , & c'eft
au Donataire à le payer.

> Brodeau fur Louet Let. 5. chap. 9,
> rapporte un Artêt du 18 Mai
> 1615.
> Legrand , fur Troyes art. 75. gl. 3:
> N. 1.
> Arrêtés de Lamoignon des Droits
> Seigneuriaux art. 32.

XVIII.

De la Donation à des héritiers préfomptifs.

À l'égard des Donations faites
à des héritiers préfomptifs, le Rachat eft dû toutes les fois que le
Donataire y auroit été fujet en qualité d'héritier ; mais il n'en eft
point dû dans le cas où le Donataire en auroit été exempt, s'il eût
pris les mêmes biens par voie de
fucceffion & à titre d'héritier.

Paris

Paris art. 36. & Commentateurs.
Arrêtés de Lamoignon des droits
Seigneuriaux art. 68.
Anjou art. 84. & 86. & Commen-
tateurs fur ces art.

XIX.

Des Donations à caufe de mort.

Pour les Donations à caufe de
mort ou Teftamentaires, le Rachat n'eft dû qu'après le décès du
Donateur ou Teftateur, & fi le
legs eft fait à condition d'être déli-
vré au Légataire après certain
tems, en ce cas il eft dû double
Rachat ; l'un par l'héritier s'il y eft
fujet pour le tems intermediaire,
& le fecond par le Légataire.

Dumoulin Paris art. 33. gl. 1. N.
III.
Livoniere Traité des Fiefs liv. 4.
chap. 2.

K

XX.

*Des Donations aux puînés en Anjou
& au Maine.*

En Anjou & au Maine, il est dû
Rachat des immeubles, hommages donnés par les pere ou mere
Nobles à leurs fils puînés, & s'ils
ne donnent pas positivement à
leurs puînés certains Fiefs dési-
gnés, mais ordonnent seulement
que leurs puînés auront en proprieté leur part hereditaire, qu'ils n'é-
toient fondés d'avoir que par usufruit suivant la Coutume, ils paye-
ront le Rachat des Fiefs qui leur
écheront par leur lot & partage; il
en est de même si cessant la disposition du pere, le frere aîné donne
à ses puînés leur partage en proprieté.

Anjou art. 97. & Dupineau sur le
dit art.

Maine art. 110.

XXI.

Du fils né de pere coutumier.

Le fils puîné d'une mere Noble
& d'un pere coutumier, ne doit
point de Rachat pour les choses
qui lui font données par fa mere,
parce qu'étant de condition rotu-
riere, il doit fucceder à fa mere en
pleine proprieté, & non en bienfait & ufufruit, nonobftant que la
fucceffion de la mere fe partage
noblement.

Dupineau art. 252. d'Anjou.

XXII.

*De l'héritier de biens fitués en plufieurs
Coutumes.*

Dans l'efpece où un Gentilhom-
me a plufieurs Terres en Bretagne
ou en Vendômois, où les puînés
fuccedent en proprieté, & une

Terre en Anjou ou au Maine, il donne à son puîné sa part hereditaire en proprieté après la mort du pere, le frere aîné délivre à son puîné pour son partage la Terre d'Anjou ou du Maine, le puîné ne doit de Rachat que de la portion qu'il étoit fondé de prendre dans la Terre d'Anjou ou du Maine, parce que le surplus lui tient lieu de ce qu'il devoit avoir dans les Terres de Bretagne ou de Vendômois, où il succedoit en proprieté.

Chopin sur Anjou liv. 2. tit. du rachat N. 4.

XXIII.

Du Don à la fille.

Le don fait par le pere & la mere à la fille en mariage, ou à la fille qui se marie dans la suite en Anjou & au Maine, est sujet à Rachat dans l'un & dans l'autre cas.

Anjou art. 96.
Maine art. 109.

XXIV.

Du Don de l'ayeul aü petit-fils.

Le don fait par l'ayeul au petit-fils, eſt auſſi ſujet à Rachat dans leſdites Provinces.

Dupineau art. 84. Anjou.
Bodereau art. 109. Maine.

XXV.

Cas d'Exemption en collaterale

Si la donation eſt faite à l'héritier préſomptif en collaterale dans les Coutumes d'Anjou & du Maine, il n'y a qu'un ſeul cas où elle eſt exempte de Rachat, dans tous les autres elle y eſt ſujette, ce cas eſt celui du frere ou de la ſœur.

Arrêt du 9. Juin 1703.

Acte de Notorieté du Préfidial d'Angers du 21. Août 1703.

XXVI.

Démiſſion.

Le Rachat eſt dû par la démiſ-ſion, toutes les fois qu'il feroit dû par la mort naturelle de celui qui s'eſt démis, par la raiſon que la démiſſion doit être conſiderée ou comme donation, ou comme ſuc-ceſſion anticipée, & que ſous l'une ou l'autre de ces conſiderations, elle ne peut être exempte de Ra-chat.

Brodeau art. 33. Paris N. 5.
Dupineau art. 84. Anjou.

XXVII.

Cas où le Rachat eſt ſuſpendu.

Pluſieurs Auteurs ſont d'avis que le Rachat eſt ſuſpendu pendant la

vie de celui qui a fait la démiſſion, à cauſe de la liberté qu'il a
de la faire ſubſiſter, ou de l'anéan-
tir par la révocation, & que le
Rachat qui eſt une ſuite & un effet
de cette démiſſion, doit être en
ſuſpens comme la cauſe qui le produit.

Mais ſi la démiſſion demeure
dans toute ſa force, ayant été con-
firmée par le décès de celui qui l'a
faite ſans avoir été révoquée, le
Rachat eſt dû dès le tems de la démiſſion, & appartient au Seigneur
ou Fermier d'alors.

Livoniere traité des Fiefs liv. 4. ch.
2. Section 2.

XXVIII.

Don mutuel à Paris.

N'eſt pas dû Rachat pour don
mutuel dans la Coutume de Paris,
parce que dans cette Coutume le

don mutuel n'eſt qu'à titre d'uſu-
fruit.

Paris art. 280.

XXIX.

Don mutuel en Anjou & au Maine.

Mais il en eſt autrement dans les Coutumes d'Anjou & du Maine, où le don mutuel peut être fait en proprieté, lorſqu'il n'y a point d'en-fans, en ce cas il eſt dû Rachat, & ce tant des propres que des acquets faits avant le mariage, même des conquets appartenans au Dona-teur, & le droit appartient au Sei-gneur ou Fermier du tems de la donation.

Anjou art. 96. 294. 316. & 317.
Maine 309. & 329.
Arrêt au Journal des Audiences
tome 3. liv. 11. ch. 30.
Autre rapporté par Soefve tome 2.
cent 4. chap. 74. du 27. Mai
1672.

XXX.

XXX.

Donations à l'Eglise ou pour causes pieuses.

Les donations faites à l'Eglise & pour causes pieuses, sont sujettes à Rachat.

On en excepte cependant les Coutumes de Loris & d'Orléans, dans lesquelles les donations faites pour Dieu & en aumônes ne sont point sujettes à Rachat.

Livoniere, traité des Fiefs, liv. 4. chap. 2. Section 4.

XXXI.

Donations aux Bâtards.

Les donations faites aux bâtards, à moins qu'ils ne soient légitimés par leurs pere & mere, sont sujettes à Rachat, ce qui résulte des

L

Articles ci - après ; Sçavoir,

Anjou , Art. 343.
Maine , Art. 355.

XXXII.

Subſtitution.

Dans les Coutumes de Paris &
autres ſemblables , il n'eſt pas dû de
Rachat dans le cas de ſubſtitution
toutes les fois que le ſubſtitué rencontre en ligne directe , ou l'auteur
de la ſubſtitution , ou celui qui lui a
tranſmis immediatement les biens
ſubſtitués.

> Arrêt du premier Septembre 1640.
> rapporté par Henris, Tom, 1.
> tit. 3. queſt. 24. & 25.
> Autre du 29. Mars 1680. entre M.
> le Prince de Condé & les Sieurs
> Segnier de Saint Briſſon.
> Dumoulin , ſur l'Art. 33. Paris gl. 1.
> N. 87. & 88.
> Ricard des ſubſtitutions , pag. 260.
> & 261.

XXXIII.

Substitution en Anjou & au Maine.

Des mêmes principes il résulte que dans les Coutumes d'Anjou & du Maine, le Substitué ne doit point de Rachat, lorsqu'il est successeur sans moyen, ou de l'auteur de la substitution, ou de celui des mains duquel il a reçû les biens substitués.

Ibidem.

XXXIV.

De la Substitution par l'oncle au neveu & cousin.

Dans l'espece où l'oncle a donné un Fief à son neveu, & lui a substitué son cousin, si ce neveu meurt sans enfans, il sera dû deux Rachats, l'un par le neveu, & l'autre par le cousin.

Ricard des Subſtitutions , Tit. 3.
Chap. 3. Part. 1. Nomb. 105.

XXXV.

'Mariages des filles à Paris.

Dans la Coutume de Paris , le Rachat n'eſt pas dû pour le premier mariage des filles , mais ce droit eſt dû pour les ſeconds , troiſiémes & autres mariages.

Paris , Art. 35. 36. & 37.

XXXVI.

'Mariages des filles au Maine , en Anjou & en Touraine.

Dans les Coutumes d'Anjou , du Maine, de Touraine & autres, le Rachat eſt dû pour le premier mariage des filles , ainſi que pour les ſuivans, de tous les Fiefs appartenans auſdites filles , & de tous ceux qui leur aviennent par ſuccession ou autrement, & c'est le mari qui le doit.

Anjou, Art. 87. 96. & 99.
Maine, Art. 100. & 109.
Touraine, Art. 132.

XXXVII.

Du mariage déclaré nul.

Si le mariage est nul, & déclaré tel par les Juges d'Eglise, ou non valablement contracté par les Parlemens, il n'y a pas lieu au Rachat, & celui qui a été payé en conséquence du mariage annullé, pourroit être répété, parce que la cause cessant, l'effet doit cesser aussi.

Dumoulin, Paris, Art. 37. N. 7.
Chopin, Anjou, Liv. 2. N. 8. &
Titre du Rachat, Nomb. 7.

XXXVIII.

De la mort du mari avant la récolte des fruits.

Si le mari mouroit le lendemain des nôces, ou dans un bref intervalle, & avant la récolte des fruits, le Rachat ne seroit pas dû.

Bodereau & Malicote, sur l'Article 100. Maine.
Dupineau, sur l'Art. 87. Anjou.

XXXIX.

Du cas de non Communauté.

Si dans les Coutumes d'Anjou & du Maine, il n'y a point eu de Contrat de mariage, ou que dans le Contrat on n'ait point dit que la Communauté commencera du jour de la Bénédiction nuptiale, laissant cela à la disposition du droit commun, en ce cas, comme la

Communauté n'eft acquife qu'après l'an & jour, fi le mari ou la femme viennent à déceder dans cet intervalle, il n'eft point dû de Rachat.

> Bodereau, Maine, Art. 100.
> Malicotte fur ledit Art.
> Dupineau, Art. 87. Anjou.

X L.

De l'intervalle entre le Contrat & la célébration.

S'il y a eu quelque intervalle entre le Contrat de mariage, portant ftipulation de Communauté de biens & la Bénédiction nuptiale, le Rachat dû pour le mariage appartiendra au Fermier du tems de la Bénédiction nuptiale.

> Chopin fur Anjou, Art. 4. N. dernier.
> Dupineau fur l'Art. 87. aux mots *fe marie*.

XLI.

Par qui le Rachat eſt dû.

De Droit commun, même dans la Coutume de Paris, c'eſt le mari qui doit le Rachat des Fiefs de ſa femme, parce qu'il eſt dû pour la perception des fruits qu'il a faits ſiens, de ſorte que ſi le Seigneur differe à demander le Rachat après la mort du mari, ce n'eſt plus qu'une dette perſonnelle du mari ou de ſes héritiers.

Dumoulin ſur l'Art. 21. de Vitri.
Dupineau, Art. 87. Anjou.
Palu, Art. 132. Tours, N. 12.
Arrêt du 8 May 1653. appellé l'Arrêt de Grosbois.

XLII.

N'eſt dû Rachat dans le cas de non-Communauté.

Pour qu'il ne ſoit pas dû de Rachat dans le cas de non-Communauté entre le mari & la femme, il faut que la clauſe porte que la femme demeure autoriſée pour la jouiſſance & l'adminiſtration de ſes biens.

> Dumoulin, Art. 37. Paris N. 7. & 13
> Dupont, Art. 85. Blois.
> Chopin ſur Anjou, Liv. 2. Tit. du Rachat, Nomb. 5.

XLIII.

Des Fiefs échûs à la femme depuis ſon mariage.

S'il échoit des Fiefs en ligne directe à la femme mariée, mais depuis qu'elle a été ſéparée de biens, n'eſt point dû de Rachat, ni par le mari ni par la femme ; mais ſi le mari en prenoit les fruits, le Rachat en ſeroit dû, nonobſtant la ſéparation de biens.

> Arreſt du 20 Juin 1601. rapporté

par Louet, lettre R. Chap. 45.
Et par le Prêtre, cent. 1. Chap. 57.
Chopin fur Anjou, Art. 4. N. 18.
& Liv. 2. Titre du Rachat N. 5.

XLIV.

Du cas de fraude.

Si nonobftant l'exclufion de Communauté portée par le Contrat de mariage, les conjoints vivoient comme communs en biens, le mari faifant les Baux du bien de la femme, recevant les revenus & donnant des quittances, il feroit dû Rachat.

> Arreft du 28 Fevrier 1654. contre M. de Teffé, rapporté par Loys fur l'Art. 100. Maine.
> Autre du 4 Juin 1668. rapporté par Soefve, part. 2. cent. 4. Chap. 12.

XLV.

De la Succession directe à Paris.

Dans la Coutume de Paris, il n'est dû aucun Rachat pour les Fiefs échûs à la femme en Succession directe, soit pendant le premier, soit pendant le second ou troisiéme mariage, mais en seroit dû en collaterale.

Paris, Art. 38.

XLVI.

De la Succession directe en Anjou & au Maine.

Dans les Coutumes d'Anjou, du Maine & autres semblables, le mari doit le Rachat des choses hommagées avenues à la femme par Succession, même directe, pendant le premier & autres mariages.

Anjou, Art. 87.
Maine 100.

XLVII.

Des choses hommagées avenues à la femme mariée en collaterale.

En Anjou & au Maine, il est dû Rachat pour les choses hommagées avenues à la femme mariée par Succession collaterale, sans distinguer s'il y a moyen ou non ; & si la Succession est par moyen, il n'est dû qu'un Rachat, quoiqu'il y ait deux causes ; sçavoir, le Mariage & la Succession par moyen, suivant la regle de Droit qui ne veut pas que deux causes lucratives concourant dans un même sujet, produisent deux divers profits : il ne seroit dû non plus qu'un Rachat du don fait par un étranger, lequel doit être pris sur les fruits de l'année de l'ouverture.

Paris , Art. 38.
Blois , Art. 92.
Dupineau fur l'Art. 84. d'Anjou.

XLVIII.

Cas du partage fait après le mariage de la femme, des biens échûs avant.

Dans l'efpece d'une fucceffion échûe à la femme & à fes co-héritiers avant le mariage de ladite femme , mais dont le partage n'a été fait que depuis. Si dans la fucceffion il y avoit des Fiefs & des Rotures , & que par l'évenement du partage tous les Fiefs foient échûs à la femme mariée , elle doit Rachat pour le tout.

Mais s'il arrive que les Rotures tombent en partage à la femme mariée , & les Fiefs à fes co-héritiers exempts du Rachat , en ce cas elle ne devra aucun Rachat.

Arrêt du 6 Avril 1574. rapporté par

Anne Robert, Liv. 3. Chap. 19.
Brodeau sur l'Art. 37. Paris, N. 35.
Dupleffis sur *idem*, pages 66. & 67.
Palu sur l'Art. 132. Tours, N. 10.
Chopin, Anjou, Art. 3. N. 17.
Dupineau, *idem*, Art. 4.

X L I X.

Du partage fait en viduité.

Dans le cas d'une succeffion compofée de Fiefs & de Rotures échûs à une femme mariée qui a des co-héritiers exempts de Rachat, & dont le partage n'a été fait qu'après qu'elle eft devenue veuve, & que les Fiefs font tombés dans fon lot, on tient que le Seigneur n'eft pas fondé à demander le Rachat, parce qu'au tems du partage la femme eft libre, dégagée de la puiffance maritale, & ne doit point de Rachat de fon chef.

Ce droit n'eft pas dû non plus par les héritiers du mari, parce qu'a-

vant le partage, le droit des héritiers a été en suspens.

> Chopin sur Anjou, Art. 4. N. 17.
> & Liv. 2. Tit. du Rachat, N. 10.
> Palu sur l'Art. 132. Tours N. 11.
> Dupineau, Art. 4. & 8. dans son
> Commentaire, Art. 84. & 87.
> Malicotte, Art. 100. Maine.
> Brodeau, Art. 37. Paris N. 35.

L.

*Le Seigneur peut faire ordonner qu'il
sera procedé au partage.*

Mais afin que les co-héritiers ne
different pas trop le partage en
fraude, ou au préjudice du Seigneur, il peut faire ordonner qu'il
y sera procedé dans certains délais
qui seront reglés par le Juge en
connoissance de cause.

> Dupineau, *ibidem.*
> Livoniere, Traité des Fiefs, Liv. 4.
> Chap. 3. Section 3.

LI.

Un co-héritier peut faire la foy pour tous.

Si le Seigneur, après les quaran-te jours de l'ouverture de la fuc-ceffion, demande la foy & hom-mage, l'un des co-héritiers peut faire la foy & hommage en atten-dant partage, fans donner ouver-ture au Rachat.

> Anjou, Art. 100. & 266.
> Maine, Art. 113. & 284.

LII.

Le Rachat eft dû du jour de l'ouver-ture de la Succeffion.

Le Rachat eft dû au Fermier ou au Seigneur du tems de l'ouvertu-re de la Succeffion ou du mariage, & non au Seigneur ou Fermier du tems du partage fait poftérieure-ment.

Palu

Palu fur l'Art. 132. Tours N. 9. rap-
porte deux Arrêts, l'un du 25
Février 1617. & l'autre du 12
Janvier 1635.
Dupineau fur l'Art. 115. Anjou, No-
te 1.

LIII.

La veuve ne doit point de Rachat
pour fa moitié des conquêts.

La veuve qui accepte la Communauté dans laquelle il y a des
Fiefs acquis par le mari, ne doit
point de Rachat pour la moitié des
Fiefs qui lui aviennent par cette
acceptation ; mais au Maine & en
Anjou, elle doit la foy & hommage, & non à Paris.

Paris, Art. 5.
Anjou, Art. 294.
Maine, Art. 309.

M

LIV.

Des Collateraux du mari.

Les héritiers du mari qui succedent à l'autre moitié des conquêts qui eft réputée la part du mari, s'ils font Collateraux, ils doivent le Rachat de cette moitié à Paris; mais au Maine & en Anjou, où la veuve a l'ufufruit de la moitié du mari, le Rachat en eft auffi dû, mais il eft fufpendu jufqu'à la confolidation de l'ufufruit à la proprieté; ils ne doivent pas non plus de foy & hommage.

Anjou, Art. 294.
Maine, Art. 509.
Arrêt rapporté fans date par le Febvre fur ledit Art. 294. d'Anjou.

L V.

Du Rachat dû à la cessation de l'usufruit.

Le Rachat dû lors de la cessation de l'usufruit de la veuve ou du mari survivant, appartient au Seigneur ou au Fermier du tems du décès dudit survivant, & non à celui du tems de la mort du prédécedé.

Dupineau, sur ledit Art. 294. d'Anjou, & Sentences qui l'ont jugé.

L V I.

De la veuve qui se remarie.

Si la veuve survivante se remarie, le second mari devra Rachat, non-seulement des propres de sa femme, mais encore de sa part dans les conquêts hommagés de sa premiere Communauté.

M ij

Anjou, Art. 99.
Chopin, fur l'Art. 4. de ladite Coutume, N. 19.

LVII.

De la renonciation de la veuve ou de ses héritiers.

Il n'eſt pas dû de Rachat par la renonciation de la veuve ou de ſes héritiers à la Communauté pour la moitié des conquêts qu'elle étoit fondée de prendre, & qui accroiſ-ſent aux héritiers du mari, pourvû que le mari eût fait la foy & homm-age & payé les droits, & que les héritiers du mari ne ſoient col-lateraux.

Paris, Art. 5.

LVIII.

De la ceſſion des acquêts au mari.

Si la femme ou ſes héritiers cedoient au mari ou aux héritiers du mari leurs parts & portions dans les acquêts communs, il feroit dû des Droits Seigneuriaux.

Brodeau & autres Commentateurs fur l'Art. 5. Paris.

LIX.

Du don fait à la veuve par fon mari.

Si la veuve qui a renoncé à la Communauté en prend les biens en vertu du don à elle fait par fon défunt mari, foit mutuel, foit teftamentaire, tel qu'il eft permis par les Coutumes d'Anjou & du Maine, fans que l'acceptation de ce don foit incompatible avec ladite renonciation, elle doit le Rachat pour le tout, parce qu'elle tient le tout en vertu du don à elle fait qui opere une mutation fujette à Rachat.

Voyez l'Art. 15. ci-deffus.

Livoniere, Traité des Fiefs, Liv. 4.
Chap. 3. Section 3.

LX.

De la femme qui renonce à la Communauté.

Si la femme qui a renoncé à la Communauté, prend les conquêts hommagés pour remploi de ses deniers dotaux stipulés propres, ou de ses propres aliénés, elle ne doit pas de Rachat.

Ricard, sur l'Art. 5. Paris.
Le Maître, sur la même Coutume,
pages 16 & 17.

LXI.

Du remploi aux héritiers de la femme.

Mais si ce remploi est fait aux héritiers de la femme ; sçavoir, à Paris, à des collateraux, & en An-

jou & au Maine, à des héritiers par
moyen, il est dû Rachat.

Livoniere, Traité des Fiefs, Liv.
4. chap. 3. Section 5.

LXII.

Si les Ecclésiastiques doivent Rachat
au Roy.

Les Ecclésiastiques sont exempts
de payer au Roy le droit de Rachat pour les biens hommagés qui
relevent immédiatement de la
Couronne; cependant suivant Dumoulin sur l'Art. 141. Touraine,
Bacquet du Droit d'Amortisse-
ment, Chap. 48. & 50. & Galant
du Franc-Aleu, Chap. 16. cette
exemption n'a pas lieu en Touraine, Maine & Anjou, suivant les
Art. 112. Anjou, 123. Maine; &
sur ce fondement, le Receveur du
Domaine ayant prétendu les y as-
sujettir, il y eut Instance dans la

quelle Chopin plaida pour le Cler-
gé en l'année 1580. comme il le
dit lui-même fur l'Art. 37. d'Anjou, N. 6. la Caufe fut appointée,
& depuis ce tems les Eccléfiaftiques ont joüi paifiblement de l'e-
xemption.

Palu, Tours, Art. 142.
Dupineau, Anjou, Art. 112.
Edits qui portent cette exemption
des années 1575. & 1577.

LXIII.

Si les Eccléfiaftiques doivent Rachat aux Seigneurs.

Mais à l'égard des Seigneurs
particuliers, ils font demeurés dans
le droit & dans la poffeffion de
prendre le Rachat des Fiefs &
biens hommagés des Eccléfiaftiques qui relevent d'eux ; le Rachat
eft dû par la mutation des Titulai-
res des Bénéfices, foit par mort,
par

par réfignation, par permutation,
par dévolut, & ce Droit appartient au Fermier ou au Seigneur du
tems de la date des Provifions du
nouveau Titulaire.

> Touraine, Art. 141.
> Anjou, Art. 112.
> Maine, Art. 123. Malicote fur ledit
> Art.
> Livoniere, Traité des Fiefs Liv. 4.
> Chap. 4.

LXIV.

Du Réfignant.

Si le Réfignant rentre dans fon
Bénéfice par voie de regrès, quoiqu'après la prife de Poffeffion de
fon Réfignataire dans le cas où le
regrès eft permis, il n'eft point dû
de Rachat.

> Chopin fur Anjou, Liv. 9. Titre des
> Rachats, N. 4.
> Dupineau, *idem*, Art. 112. aux mots
> *le Bénéfice vaque.*

N

LXV.

Du nouveau Titulaire.

Le nouveau Titulaire du Bénéfice n'eſt pas obligé de payer le Rachat dû par ſon prédéceſſeur, ſauf
au Seigneur ſon recours contre les
héritiers du défunt.

> Chopin ſur l'Art. 4. d'Anjou, & Du-
> pineau, Art. 110.
> Palu, Tours, Art. 141.
> Malicote, Maine, Art. 123.
> Ferriere, Paris, Art. 1. Gl. 2. N. 71.

LXVI.

Charges du Seigneur qui leve le Rachat.

Le Seigneur qui leve le Rachat
dû par le Titulaire du Bénéfice,
doit acquitter ou déduire les rentes
foncieres inféodées, les décimes
& le ſervice.

Livoniere , Traité des Fiefs, Liv. 4. Chap. 4.

LXVII.

Des biens sur lesquels le Rachat se prend.

Le Rachat se prend sur les Dixmes inféodées comme sur les autres revenus du Bénéfice, mais non sur les Dixmes Ecclésiastiques, lesquelles ne sont pas sujettes aux Droits Féodaux ; celles inféodées réunies à l'Eglise y sont sujettes , à moins que cette réunion n'ait été faite avec suppression de Fief.

Livoniere, *ibidem.*

LXVIII.

Des Fabriques & Mains-mortes.

Les Fabriques, les Universités, les Chapitres où il n'y a point de Doyen en titre, les Maisons Religieuſes d'Hommes ou de Filles où il n'y a point d'Abbeſſes ou d'Abbés Réguliers perpétuels, doivent donner au Seigneur un homme vivant & mourant qui doit faire la foy & hommage au nom du corps des biens qui leur appartiennent, & par le décès duquel le Rachat eſt dû : tel eſt le Droit Commun du Royaume.

Anjou, Art. 111.
Maine, Art. 122.

LXIX.

De l'homme vivant & mourant.

Le Rachat n'eſt dû que par la mort naturelle de l'homme vivant & mourant, & non par la mort civile.

Malicote, Art. 121. Maine.
Dupineau, ſur l'Art. 111. d'Anjou.
Palu, ſur l'Art. 133. Touraine.
Bacquet, Traité de l'Amortiſſement, Chap. 53. N. 6.

LXX.

Si l'homme vivant & mourant est confiscant.

Les Coutumes de Bretagne, Art. 368. celles de Normandie, Art. 140. & quelques autres, portent que les Gens de Main-morte doivent donner homme vivant, mourant & confiscant ; c'est-à-dire, que le Seigneur par sa Félonie peut demander la commise ou confiscation ; mais dans l'étendue du Parlement de Paris, hors les Coutumes, qui ont une disposition particuliere, on tient que l'homme vivant & mourant donné par les Gens de Main-morte, ne doit pas être confiscant.

Dumoulin, Paris, Art. 51. Gl. 2.
N. 63.
Bacquet, du Droit de nouveux Acquêts, Chap. 36. N. 9.

N iij

Dupleſſis , Paris , page 67.
Bodereau , Maine , Art. 122.

LXXI.

Hôpitaux & Maiſons de Charité.

Il a été jugé par Arrêts des années 1578. & 1634. rapportés par Galand du Franc-Aleu , Chap. 16. pag. 235. que l'Hôtel-Dieu de Paris n'étoit pas obligé de donner homme vivant & mourant , & il étend ce Privilége à tous les Hôpitaux , à cauſe de la faveur des Pauvres & de la Charité : Mais Livoniere , page 346 de ſon Traité des Fiefs , n'eſt pas du même avis , & prouve qu'en Anjou & au Maine ils y ſont ſujets ſuivant les Coutumes.

Anjou , Art. 110.
Maine , Art. 121. & Arrêt du 6 Février 1642. au Journal des Audiences , Tom. 1. Liv. 3. Chap. 51. Edition de 1658.

LXXII.

Des Communautés qui ont un Chef en titre.

Est dû Rachat par la Mutation de l'Abbé de tout ce qui se trouve dans son lot, de quelque maniere que la Mutation arrive.

Mais pour ce qui est dans le lot des Religieux, ils peuvent donner homme vivant autre que leur Abbé ou Prieur, par la mort duquel le Rachat sera dû.

Livoniere, Traité des Fiefs, page 346.

LXXIII.

Des Communautés qui n'ont point de partition avec leur Chef.

A l'égard des autres Communautés qui n'ont point de partition avec leur Chef, comme les Cha-

N iiij

pitres des Cathédrales ou Collégiales qui ont des Doyens, Chefciers ou autres Chefs en titre perpétuels, les biens hommagés du Corps tombent en Rachat par la Mutation du Chef, de quelque maniere qu'elle arrive.

Dupineau, fur l'Art. 110. d'Anjou.

LXXIV.

Confifcation.

Dans les Coutumes où l'on tient pour maxime que Fief & Juftice n'ont rien de commun, fi les biens d'un condamné font adjugés par confifcation au Seigneur Haut-Jufticier qui ne foit pas Seigneur de Fief, il doit, ou en vuider fes mains, & en faire la foy & hommage, ou en payer le Rachat au Seigneur de Fief.

Orléans, Art. 21.

Guerin, sur l'Art. 33. Paris.

Le Maistre, *ibidem*, page 24.

Bacquet des Droits de Justice, Chap.
14. N. 2.

LXXV.

*Du Seigneur qui retient les biens
confisqués.*

Si le Seigneur Haut-Justicier retient les biens confisqués, il en doit
Rachat; s'il en vuide ses mains, il
ne doit rien.

Mais celui au profit duquel il en
fera cession, payera Lods & Ventes, si c'est par Contrat de vente;
ou de Rachat, si c'est par donation.

Livoniere, Traité des Fiefs, Liv. 4.
Chap. 5.

LXXVI.

*Si la confiscation a lieu en Anjou &
au Maine.*

Ces questions ne peuvent presque jamais se présenter dans les Coutumes d'Anjou & du Maine, parce que la confiscation d'héritages n'y a pas lieu au profit des Seigneurs Particuliers, suivant les Articles 242. d'Anjou, & 157. Maine; la Justice & le Fief dans ces Coutumes sont presque toujours confondus, & appartiennent aux mêmes Seigneurs.

Dans ces Coutumes, la confiscation a lieu au profit du Roy pour les crimes d'hérésie & de leze-Majesté.

Et si le Roy remet aux enfans les biens confisqués sur le pere, ils doivent Rachat.

Brodeau, sur l'Art. 26. Paris, N. 6.

LXXVII.

Deshérence & Bâtardise.

Il en est de même des biens échûs par deshérence ou Bâtardise au Seigneur Haut-Justicier dans les Coutumes où il est fondé dans ce Droit; dans celles du Maine & d'Anjou, le Seigneur qui réunit des biens hommagés au titre, ne doit rien au Seigneur Supérieur par cette Mutation ; mais dans les Mutations suivantes, le Seigneur Supérieur y prendra ses Droits Féodaux.

Livoniere, Traité des Fiefs, Liv. 4. Chap. 5. §. 2.

LXXVIII.

Du Bail à rente fonciere ou emphitéotique à Paris.

Pour Bail à rente fonciere non amortissable, ou par Bail emphitéotique, est dû Rachat dans la Coutume de Paris.

Paris, Art. 33.
Dupleſſis, pages 59. & 60.
Dumóulin, ſur l'Art. 51. Gl. 2. N. 51.

LXXIX.

Du Bail à rente fonciere ou emphitéotique en Anjou.

Dans la Coutume d'Anjou, il n'eſt point dû de Rachat pour le Bail à rente, d'où l'on infere qu'à plus forte raiſon il n'en eſt point dû pour le Bail emphitéotique.

Anjou, Art. 127.

LXXX.

Exponſe.

Il n'eſt pas dû de Rachat pour l'Exponſe que fait le Preneur à rente du fonds qui y eſt ſujet entre les mains du Bailleur pour se liberer de la rente, parce que ce n'est pas tant un Contrat translatif de propriété, que la résolution d'un Contrat.

Loiseau, du Déguerpissement, Liv. 6. Chap. 5. N. 10.

LXXXI.

Lorsque l'Exponse est faite au Bailleur ou à ses héritiers.

Ce qu'il faut entendre, non-seulement lorsque l'exponse est faite au Bailleur ou à ses héritiers en ligne directe, mais lors même qu'elle est faite aux héritiers collatéraux, ou à des étrangers acquereurs de la rente.

Loiseau à l'endroit ci-dessus, N. 13. Le Maître, Paris, page 24.

LXXXII.

Du Remeré.

Si un héritier collatéral a fait la reprife ou le retrait d'une Terre vendue fous faculté de remeré, Chopin, fur l'Art. 4. de la Coutume d'Anjou, N. 17. Note marginale, eft d'avis qu'il doit Rachat pour la plus value de la Terre au-delà du prix de la vente, dont le Seigneur a reçû le quint denier.

Dans les Coutumes d'Anjou & du Maine, il eft dû Rachat pour les Mutations par moyen ou autres fujettes à Rachat qui arrivent du chef du Vendeur pendant le même terme, & non pour celles qui arrivent de la part de l'Acquereur.

Anjou, Art. 126.
Maine, Art. 136.

LXXXIII.

Du Contrat annullé.

Si un Contrat a été annullé & résolu pour une cause inhérente à l'Acte, tant pour l'avenir que pour le passé, en ce cas il n'est point dû de Rachat, ni pour le Contrat, ni pour la résolution du Contrat: mais si le Contrat a subsisté pour un tems, & qu'il ne soit résolu que pour l'avenir sans effet rétroactif pour le passé, en ce cas il est dû Rachat, & quelquefois un double Rachat, suivant les diverses circonstances.

Dumoulin. Paris, Art. 33. Gl. 1. N. 31.

LXXXIV.

De la donation annullée par un motif inherent.

Par exemple, une donation en-

tre-vifs avec réserve d'usufruit, a été
cassée & annullée après la mort du
Donateur, par un motif inherent,
comme par l'incapacité du Donataire, faute d'acceptation ou de tradition suffisante, par défaut d'insi-
nuation, &c. en ce cas, il n'est pas
dû de Rachat.

Dumoulin au même endroit, & encore N. 33. 42. & 43.

LXXXV.

De la donation cassée après la mort du Donataire.

Mais si la donation étoit pure &
simple sans réserve d'usufruit suivie
de tradition effective, en conséquence de laquelle le Donataire
auroit jouï & survêcu plusieurs années, & qui auroit été cassée après
sa mort, mais sans restitution des
fruits, en ce cas le Rachat qui aura
été payé au Seigneur par le Donataire,

taire, ne pourra être répété.

> Dumoulin, fur Paris, Art. 33. Gl. 1.
> N. 33. & 42.
> Dargentré, Bretagne, Art. 59. Note 4. N. 13.
> Salvaing, de l'ufage des Fiefs, Chap. 89.
> Dupineau, dans fes Obfervations, Art. 156. pages 80 & 81.

LXXXVI.

En quoi confifte le Rachat.

Le Rachat eft le revenu d'une année du Fief fervant ; il y a des Coutumes qui donnent au Seigneur le choix de trois années, comme celles de Chaumont, de Saint-Quentin, de Troyes, de Poitou, & celle de Paris, en l'Art. 47. dit que le relief eft le revenu d'un an, ou le dire de Prudhomme, ou une fomme offerte de la part du Vaffal au choix du Seigneur; mais tout cela ne fignifie

que le revenu d'un an en essence
ou en estimation, & si cette estimation n'est pas jugée suffisante, le
Seigneur la peut faire faire par Experts, pour s'épargner la peine de
faire la récolte par ses mains.

Dans les Coutumes d'Anjou &
du Maine, le Rachat consiste dans
les fruits d'une année que le Seigneur peut lever par ses mains, si
mieux il n'aime en composer avec
le Vassal.

Livoniere, Traité des Fiefs, Liv.
4. Chap. 6.

LXXXVII.

Ce que le Seigneur peut faire faute de
payement du Rachat.

Dans la Coutume de Paris, l'année du Rachat ne commence
qu'au jour des offres acceptées ou
valablement faites.

Les fruits de l'année échûe avant

les offres, appartiennent au Vaſſal,
& ſi le Vaſſal eſt en demeure de faire ſes offres avec la foy & hommage, le Seigneur peut ſaiſir féodalement, & les fruits qu'il aura pris en
vertu de cette ſaiſie, lui demeure-
ront ſans tourner en l'acquit du Rachat; ſi le Seigneur, après les offres, n'a point fait d'option, &
laiſſé écouler l'année entiere depuis les offres, il ne peut plus opter
une ſeconde année, & ſe doit contenter de la valeur des fruits de l'année révolue depuis les offres, ſuivant l'eſtimation qui en ſera faite
conventionnellement entre le Vaſſal & lui, ſinon par Experts.

Paris, Art. 49. 63. 47. & Commentateurs ſur cet Art. 47.

LXXXVIII.

Quand Commence le Rachat en Anjou & au Maine.

Dans les Coutumes d'Anjou & du Maine, l'année du Rachat y commence dès l'heure de la mort, ou autre mutation qui ait donné ouverture au Rachat ; *c'eſt-à-dire, au jour que la mort du Vaſſal eſt venue à la connoiſſance du Seigneur, & eſt notoire dans le lieu de la ſituation du Fief, ce qui doit être étendu à toute autre mutation.* Le Seigneur ſe doit contenter des fruits de cette premiere année, tels qu'ils ſoient.

Anjou, Art. 115.
Maine, Art. 126.
Dupont, Blois, Art. 91.
Dupineau, Anjou, Art. 113. &
115.
Poitou, Art. 152. & 153.

LXXXIX.

*Si le Seigneur laisse écouler la premiere
année.*

Si le Seigneur laisse écouler cette premiere année sans lever le Rachat par ses mains, il ne peut pas demander la jouissance d'une autre année, & il n'a plus qu'une action pour l'estimation des fruits de cette premiere année recueillis par le Vassal.

> Poitou, Art. 153.
> Arrêt du 14 Août 1577. rapporté par plusieurs Commentateurs sur l'Art. 47. Paris.
> Bodereau & Malicote, Article 126. Maine.
> Dupineau, Art. 113, & 115. Anjou.

X C.

Du privilége du Seigneur sur la premiere année.

De ces principes, il résulte que le Seigneur, sur les fruits de cette 1re année, est privilégié pour son Rachat, & doit être préféré à tous les Créanciers du Vassal ; mais après l'an il n'a plus de privilége ; & dans l'ordre du prix des biens du Vassal, redevable du Rachat, il ne viendra que par hypotheque du jour que le Rachat est échû.

Dupineau, sur l'Art. 113. Anjou, page 70.

Malicote, sur l'Art. 126. Maine.

Livoniere, Traité des Fiefs, Liv. 4. Chap. 6. Section 1.

X C I.

A qui le Rachat appartient.

Le Rachat appartient à celui qui

étoit en droit de jouir du Fief dominant au jour du décès ou de la mutation arrivée dans le Fief servant, quoique dans la suite & au tems de la récolte des fruits, la jouiſſance du Fief dominant ait paſſé au profit d'un autre ; de même ſi le Rachat eſt ouvert au mois de Janvier par le décès du Vaſſal, le Seigneur Dominant décede au mois d'Avril, laiſſant ſa veuve uſufruitiere du Fief dominant, le Rachat appartiendra aux héritiers du Seigneur, à l'excluſion de la veuve uſufruitiere.

Arrêts rapportés par M. Louet, lett. R. Chap. 43.
Par M. le Preſtre, Cent. 1. Ch. 41.
Dupineau, ſur Anjou, Art. 115.

XCII.

Ce qui arrive ſi le Seigneur eſt négligent de lever le Rachat.

Si le Seigneur, dans les Coutu-

mes du Maine & d'Anjou, négli-
ge de lever les fruits de la premiere année, que le Vaſſal les aban-
donne ſans les recueillir, & qu'ils
ſe trouvent perdus, le dommage
en retombe ſur le Seigneur, qui ne
peut demander la jouiſſance d'une
autre année, ni au Vaſſal l'eſtimation des fruits de cette premiere
année qu'il n'a point recueillis, &
qu'il peut dire avoir laiſſés au Seigneur pour ſon Rachat.

Cette regle reçoit une exception
établie par l'Art. 116. d'Anjou:
lorſque la Coutume a dit que l'année du Rachat commence dès
l'heure de la mort ou autre cas ave-
nu, elle a ſuppoſé que le nouveau
Vaſſal rendroit ſes devoirs à ſon
Seigneur dans le tems qui lui eſt
preſcrit; mais ſi le Vaſſal manque
à faire la foy & hommage dans les
quarante jours, le Seigneur peut
ſaiſir féodalement le Fief ſervant,

&

& en faire les fruits fiens, fans que cette prife de fruits tourne en l'acquit du Rachat, dont l'année ne commencera à courir que du jour que le Vaffal aura fait la foy & hommage.

Livoniere, Traité des Fiefs, Liv. 4. Chap. 6. Section 1.

XCIII.

Du Vaffal qui fait valoir.

Si le Vaffal faifoit valoir fon Fief ou fes Terres hommagées par fes mains, le Seigneur peut en ufer de même, & les exploiter par lui ou par fes domeftiques, recevoir les cens & fervices, les rentes féodales, enfemencer les terres, en prendre les fruits, &c. il peut aller demeurer avec fes domeftiques dans le Château ou Maifon du Fief fervant, fans néanmoins déloger

P

le Vaſſal, ce qui réſulte des Coutumes ci-après; ſçavoir,

Anjou, Art. 113.
Maine, Art. 124.
Paris, Art. 58.

XCIV.

Des terres enſemencées.

Si le Seigneur a trouvé les terres enſemencées, il doit reſtituer au Vaſſal les frais de culture & les ſemences, ſi mieux il n'aime les laiſſer au même état qu'il les a trouvées; il en eſt de même des vignes.

Anjou, Art. 118. & 119.
Maine, Art. 127. & 128.
Arrêt au Journal des Audiences,
Tome 1. Liv. 5. Chap. 43.

XCV.

N'eſt dû qu'une récolte pour Rachat.

Le Seigneur ne peut prendre

qu'une seule récolte des mêmes especes de fruits, à l'exception de ceux qui se reproduisent deux fois en une même année, comme la seconde herbe ou le regain d'un pré, &c.

> Paris, Art. 49.
> Poitou, Art. 153.
> Commentateurs sur lesdites Coutumes, & sur celles d'Anjou & du Maine.

XCVI.

Bois-Taillis & Etangs.

Le Rachat sur les Etangs & Bois-Taillis, est dû sur le pied de la valeur d'une année, eû égard au tems que les Bois ont accoutumé d'être coupés, & les Etangs pêchés, suivant l'usage du Pays; c'est-à-dire, que si les Bois se coupent tous les neuf ans, le Seigneur a un neuviéme, & si les Etangs se pêchent tous les trois ans, il en a un tiers.

> Paris, Art. 48.
> Touraine, Art. 135.
> Arrests des 20 Octobre 1579. 1588.
>   & 23 Fév. 1741. rapportés par
> les Commentateurs d'Anjou &
> du Maine.

XCVII.

Bois de Haute-Futaye.

Les Bois de Haute-Futaye, ni les Balliveaux sur Taillis, ne sont pas sujets au Rachat, suivant ce qu'il résulte des Art. 113. & 117. d'Anjou, & 124. du Maine.

Mais le Seigneur peut jouïr de la glandée, paisson, panage & pâturage, suivant l'usage du lieu & de la Forêt.

> Livoniere, page 370, de son Traité
> des Fiefs.

XCVIII.

Chauffage.

Le Seigneur ne peut abattre du bois pour son chauffage, mais il pourroit en prendre de celui abattu par l'effort du vent, pourvû qu'il ne fût pas propre à bâtir ou à faire du mairin ; il pourroit aussi se servir du bois mort, comme l'usufruitier le peut faire.

Paris, Art. 48. & Commentateurs sur ledit Art.
Anjou, Art. 311.

XCIX.

S'il y a forges sur le Fief.

Si le Vassal avoit des forges de fer sur sa Terre, & que pour l'entretien de ces forges il eût accoutumé d'abattre de grands arbres, le Seigneur pourroit-il en user de même pendant l'année de fon Rachat?

Auzanet, fur la Coutume de Paris, Art. 48. tient l'affirmative; cependant le contraire a été jugé.

> Arrêt du 23 Juillet 1573. rapporté par Chopin en fon Traité des Priviléges des Ruftiques, Liv. 2. Part. 1. Chap. 10.

C.

Beftiaux à cheptel.

S'il y a des Beftiaux à cheptel, ou à moitié, ou à autre condition fur l'héritage tombé en Rachat.

1°. Le Seigneur ne peut obliger le Vaffal de les enlever, ils doivent demeurer fur le lieu.

2°. Le Vaffal ne peut pas auffi les enlever au préjudice du Seigneur.

3°. Les Beftiaux doivent être nourris & entretenus fur le lieu pendant l'année du Rachat.

4°. Le Seigneur, pendant l'année du Rachat, aura le profit & croît des Bestiaux, comme le lait, & beurre des vaches, la laine des moutons, les veaux & agneaux nés dans ladite année, & l'accroissement & augmentation survenue dans le cours de ladite année; & pour le connoître, il faut faire faire l'appréciation au commencement & à la fin de l'année du Rachat, & la plus value de la derniere appartiendra au Seigneur comme le profit & croît de son année.

Dupineau, sur l'Art. 122. Anjou.
Maine, Art. 132.
Chopin, sur l'Art. 29. d'Anjou, Liv. 2. Tit. du Rachat, N. 8.

CI.

Des Bestiaux donnés au Fermier,

Dans le cas où le Seigneur donne des Bestiaux à son Fermier à

moitié perte & à moitié profit, l'u-
fage eft d'eftimer le revenu des Beftiaux fur le pied du denier dix du
prix qu'ils ont coûté ; c'eft ce qui
fe pratique fouvent à Paris dans les
partages des fucceffions quand on
fait l'évaluation des terres.

Mais fi le Bétail eft donné par
eftimation au Fermier, de forte
qu'il s'oblige d'en laiffer en fortant
pour la même valeur, ou d'en payer
le prix, tous les cas fortuits roulant
alors fur le Fermier, l'eftimation
des Beftiaux ne doit être faite qu'à
cinq pour cent, autrement elle feroit ufuraire.

Coutumes de Nivernois & de Berry,
fuivant Coquille en fon Inftitu-
tion au Droit François, Chap. dernier des Cheptels de Bêtes.
Brodeau, fur l'Art. 48. Paris, N. 6.
& 7.

CII.

Garennes & Colombier.

Le Seigneur qui leve le Rachat peut user des pigeons qui sont au colombier, & prendre des lapins de la garenne; mais il doit en user avec moderation, de maniere qu'il laisse à la fin de l'année le colombier & la garenne également peuplés qu'ils l'étoient en entrant en jouissance.

> Dumoulin sur Paris, Art. 1. Gl. 8.
> N. 38.
> Chopin sur Anjou, Art. 29. Note
> marginale.
> Saint Yon, sur les Ordonnances des
> Eaux & Forêts, Liv. 2. Tit. 5.
> Art. 13.

CIII.

Papiers de Recette.

Le Seigneur prenant pour son

Droit de Rachat tous les profits ordinaires & extraordinaires , certains & cafuels, le Vaffal eft obligé
pour cet effet de lui communiquer
fes papiers de recette ; ou lui en faire faire extrait aux dépens du Seigneur.

Paris, Art. 50.

CIV.

De ce que le Seigneur aura.

Le Seigneur aura les Cens &
Rentes, les Lods & Ventes, &
Rachats fur les chofes mouvantes
du Fief tombé en Rachat , quelques confiderables que foient ces
Droits Féodaux , & il les aura pour
le tout fans proportion du tems de
ce qui refte à expirer du tems de la
levée du Rachat.

Dumoulin, fur l'Art. 50. Paris, N. 4.
Anjou , Art. 113.
Maine, Art. 124.

CV.

Le Seigneur aura les profits des Arriere-Fiefs.

Lorsque le Seigneur jouit du Fief par Rachat, & que pendant l'année l'Arriere-Fief vient aussi à tomber en Rachat, le Seigneur aura le profit du Rachat de l'Arrie-re-Fief, & il prendra ce Rachat pour le tout, quoique les fruits de l'Arriere-Fief ne soient recueillis qu'après l'année du Rachat du Fief expirée.

Dumoulin, sur l'Art. 50. Paris, N. 4.

CVI.

Exception au Maine & Anjou.

Mais les Coutumes du Maine & d'Anjou veulent que le Seigneur ne jouisse du Rachat de l'Arriere-Fief, qu'autant de tems que dure

l'année du Rachat du Fief, enforte
que les fruits de l'Arriere-Fief, dont
la récolte ne fe fera qu'après l'é-
cheance de ladite année, n'appar-
tiendront point au Seigneur, ce
qui eft une exception au Droit
Commun.

Maine, Art. 133.
Anjou, Art. 123.
Chopin, fur l'Art. 36. d'Anjou;
N: 2.

CVII.

Profit des Saifies féodales.

Le Seigneur, pendant l'année
du Rachat, jouit du profit des
Saifies féodales fur les Arriere-
Fiefs ouverts; & fi les Saifies
avoient été faites par le Vaffal avant
l'écheance du Rachat, le Seigneur,
qui dans l'année du Rachat fuccede
à tous les droits de fon Vaffal, aura
le profit defdites Saifies, & jouira
en conféquence de l'Arriere-Fief

ouvert fans nouvelle faifie ; fi l'Arriere-Fief n'étoit pas faifi féodalement lorfque l'année du Rachat
a commencé, le Seigneur qui jouit
du Fief par Rachat, peut faifir
l'Arriere-Fief ouvert, & en faire les
fruits fiens.

> Dumoulin, fur l'Art. 50. & 54. Pa-
> ris, N. premier, 4. & 5.
> Brodeau, fur ledit Art. 54. Paris,
> N. 3.
> Dupleffis, pages 51. & 52.
> Dupineau, fur l'Art. 123. d'Anjou.

CVIII.

Du Fief donné à rente, ou qui en eſt
chargé.

Si le Vaffal a aliené partie de fon
Fief, ou que de fon Domaine il en
ait fait fon Fief en retenant la foy
& hommage, ou quelque devoir
Seigneurial, lorfque le Fief tom-
bera en Rachat, le Seigneur le

prendra non-seulement sur la partie retenue, mais encore sur la partie alienée, jusqu'à ce qu'elle ait été inféodée ou reçûe par aveu.

Paris, Art. 52.
Anjou, Art. 201.
Maine, Art. 216.

C I X.

Des Censives réunies.

Si le Vassal a réuni à son Fief les censives qui en relevoient, le Seigneur prendra son Rachat sur lesdites censives, ainsi que sur le reste du Fief, parce qu'elles sont devenues féodales, & font parties integrantes du Fief.

Livoniere, Traité des Fiefs, Liv. 4.
Chap. 6. Sect. 8.

C X.

*Si le Seigneur peut retraire en jouiſſant
du Rachat.*

Le Seigneur ne peut retirer par retrait féodal les choſes mouvantes du Fief dont il jouit par Rachat, quoiqu'il pût uſer de ce droit dans le cas de la ſaiſie féodale.

Dumoulin, Art. 50. N. 5. Paris.
Brodeau, *ibidem*, Paris, Art. 54.
N. 10.

C X I.

De la préſentation à Bénéfices.

Pluſieurs Auteurs ſont d'avis que le Seigneur qui jouit du Rachat, peut préſenter au Bénéfice dépendant du Fief qui vient à vaquer pendant l'année du Rachat. Brodeau ſur l'Art. 31. Paris, N. 21. & ſur l'Art. 47. N. 18. Le Maiſtre ſur la même Coutume, page 33. ſont du nombre.

Mais d'autres sont d'un avis conraire, & qu'il faut suivre, parce que le Patronage n'est pas un Droit ordinaire & annuel ; le Seigneur auroit cependant ce Droit dans le cas de la saisie féodale.

> Charondas, Paris, Art. 47.
> Dupleffis, *idem*, pages 51. & 52.
> Bodereau, Maine, Art. 124. & autres.

CXII.

Charges dont le Seigneur est tenu.

Le Seigneur qui leve le Rachat, est tenu d'en acquitter les charges ci-après.

1°. Celles inféodées & approuvées, ou reconnues par aveu non impugné.

2°. Celles imposées par autorité supérieure, comme le dixiéme denier, le ban & arriere-ban, &c.

301

3°. Les dixmes comme étant charges des fruits.

4°. D'entretenir de menues réparations les maisons, logemens & héritages dépendans du Fief tombé en Rachat.

Paris , Art. 59.
Tours , Art. 139.
Dumoulin , Paris , Art. 1. Gl. 8. N.
61.

CXIII.

Charges dont il n'est pas tenu.

Mais il n'est pas tenu des moyennes réparations qui regardent les usufruitiers, à cause de la brieveté de sa jouissance, ni des grosses qui regardent les Propriétaires ; il n'est pas tenu non plus des charges personnelles & hypothequaires, parce qu'il est préférable à tous Créanciers.

Dumoulin , Paris , Art. 59. N. 4.

Q

Brodeau fur l'Art. 24. N. 3.
Dupleffis, page 54.
Anjou, Art. 122.
Maine, Art. 132.

CXIV.

Du Fief donné à rente.

Lorfque le Propriétaire d'un fonds hommagé, voulant faire de fon Domaine fon Fief, baille à rente une partie de fon fonds non excedant le tiers, & retient la rente à fon profit avec foy & hommage, ou un devoir Seigneurial fur la partie alienée, ou ce qui eft la même chofe ftipule par le Bail à rente, que le preneur relevera de lui à foy & hommage, ou cenfivement ce qui eft permis.

Dans ce cas, lorfqu'il y aura ouverture au Rachat par la mutation du Vaffal arrivée dans les trente ans du Bail à rente, le Seigneur de Fief jouira pour fon Rachat de tout le Domaine de son Vassal, tant de la partie retenue que de la partie alienée, ce qui est à son option ; mais après les trente ans, il se doit contenter de la rente qui est devenue non rachetable, ce qui résulte des Coutumes ci-après ; sçavoir,

Anjou, Art. 122. & 201.
Maine, Art. 132. & 216.

C X V.

Option du Seigneur.

Si le Vassal avoit donné tout son Fief à rente, & que le Rachat fût dû du chef de ce Vassal propriétaire de la rente, le Seigneur a le choix de prendre ou la rente, ou les fruits, si ce n'est que le Bail à rente fût d'auparavant trente ans.

Anjou, Art. 122.
Maine, Art. 132.

Q ij

CXVI.

Du Fief affermé.

Si le Fief tombé en Rachat eſt loué ou affermé, le Seigneur ſe doit contenter du prix du louage ou de la ferme, fait de bonne foi & ſans fraude, ſans pouvoir lever les fruits, ni expulſer le Locataire ou le Fermier.

Paris, Art. 56. & 57.

CXVII.

Des Baux à moitié.

Dans les Baux à colonie partiaire ou à moitié, uſités dans l'Anjou & dans le Maine, le Seigneur, pour ſon Rachat, ne peut prendre que la moitié des fruits qui auroit appartenue au Vaſſal, & doit laiſſer l'autre moitié au Colon pour ſes labours, peines & ſervices.

Anjou, Art. 114.
Maine, Art. 125.
Arrêt du premier Avril 1586. rapporté par Chopin sur l'Art. 136.
d'Anjou, N. 2.

CXVIII.

Option du Seigneur sur le loyer.

Pour les Baux à ferme à forfait,
dont la redevance est reglée à certain prix d'argent, ou à certaine
quantité de bled ou autre espece de
grains, le Seigneur a le choix du
grain ou de l'argent, à moins que
la chose n'ait été affermée pendant
trente ans, auquel cas il ne peut
prendre que l'argent.

Anjou, Art. 122.
Maine, Art. 132.
Chopin sur Anjou, Liv. 2. Tit. du
Rachat, N. 12.

CXIX.

Du Fief en Bail judiciaire.

Si le Fief tombé en Rachat étoit en Bail judiciaire, le Seigneur peut opter des fruits ou de l'argent, ce qu'il faut entendre lorsqu'il se présente pour jouir dans l'année du Rachat.

Dupineau sur l'Art. 122. d'Anjou, aux mots *à son choix.*

CXX.

Si le Seigneur doit se contenter du prix du Bail général.

Le Seigneur n'a pas la liberté de prendre le prix des Sous-Fermes, il doit se contenter de celui de la Ferme générale ; il entre dans les Droits du Vassal qui ne pourroit exiger les Sous-Fermes au préjudice du Fermier général, ce qui s'en-

tend de la Terre affermée à Bail
général depuis trente ans , & non
autrement.

> Chopin fur Anjou , Liv. 2. Tit. des
> fruits , N. 4. au cas de la Saifie
> féodale.
> Ferriere & Brodeau fur l'Art. 56. Pa-
> ris , N. 4. & fur l'Art. 58. N. 8.

C X X I.

Si le Vaffal eft garant de la folvabilité
du Fermier.

Lorfque le Seigneur fe contente
du prix de la Ferme pour fon Rachat , le Vaffal eft garant de la folvabilité du Fermier , parce qu'il eft
débiteur originaire & direct du Rachat , à moins que l'infolvabilité
du Fermier ne vint de la faute ou
négligence du Seigneur.

> Brodeau , Paris , Art. 56. N. 7.
> Ferriere , fur le même Art. N. 9.
> Dupleffis , page 55.
> Le Maiftre , page 34.

CXXII.

Si le Fermier peut demander des dommages & intérêts.

Si dans les Coutumes d'Anjou & du Maine, le Seigneur prend les fruits au préjudice du Fermier dans le cas où il est en droit de le faire, il est assez problematique si le Fermier peut demander des dommages & intérêts au Vassal son bailleur. M. Dupineau sur l'Art. 122. d'Anjou tient la Négative, parce que cette éviction procede de la Loi; & Bodereau sur l'Art. 132. Maine, insinue que pour tous dommages-intérêts le Bail doit être prolongé d'un an au-delà de son terme; mais il faut tenir qu'il est dû des dommages-intérêts au Fermier, si cette année du Rachat lui cause de la perte, attendu que le Vassal est obligé de le faire jouir.

Livoniere,

Livoniere, Traité des Fiefs, page 384.

CXXIII.

Si le Seigneur doit exécuter toutes les clauses du Bail.

Le Seigneur prenant la Ferme pour son droit de Rachat, doit exécuter toutes les clauses du Bail, porter les charges qui y sont énoncées, garder les délais & les termes de payer qui y sont stipulés ; mais aussi il peut jouir par ses mains des réserves qui y sont faites, & des droits qui ne sont pas compris dans le Bail.

Dumoulin, Paris, Art. 58. N. 1. & 7.

Brodeau, sur l'Art. 56. N. 9. & sur l'Art. 57. N. 3.

Ferriere sur ledit Art. 56. N. 10.

R

CXXIV.

Du Rachat abonné.

Si par convention ancienne ou par longue poſſeſſion, le Rachat du Fief ſervant a été abonné, le Seigneur s'en doit contenter, & ne peut demander davantage, parce que ces abonnemens ſont permis & autoriſés.

Coutume de Chartres, Art. 16.
Du Perche, Art. 37.
Poitou, Art. 168.
Brodeau, Art. 47. Paris, N. 6.
Anjou, Art. 208.
Maine, Art. 276.

CXXV.

Des réunions au Fief abonné.

Quoique les Fiefs abonnés ayent été accrus & augmentés par la réunion des Arriere-Fiefs conſolidés au Fief par retrait féodal ou autres voies légitimes, l'abonnement ne doit point être augmenté ; mais aussi il ne peut être diminué par d'autres voies.

Chopin , Anjou, Liv. 2. Titre des Rachats, N. 7.
Dupineau , sur l'Art. 113. de ladite Coutume.

CXXVI.

De la constitution d'usufruit.

La constitution d'usufruit n'empêche pas l'ouverture ni le payement du Rachat hors l'étendue de la Coutume de Bretagne dans les cas exprimés , Art. 69. & le Rachat doit être payé par le Propriétaire en l'acquit de l'Usufruitier , parce que c'est à lui à faire la foy & hommage, & à faire jouir librement l'Usufruitier.

Paris , Art. 40.
Salvaing du Plait Seigneurial, Ch. 9.

Louet & Brodeau, Let. V. Chap. 9.
Chopin fur Anjou, Liv. 2. du Ra-
chat, N. 4.
Commentateurs fur l'Art. 40. Paris.

CXXVII.

Cas où eft dû des alimens aux Mineurs.

Il y a des Coutumes, fuivant la difpofition defquelles, lorfque les biens des Mineurs tombent en Rachat, & qu'ils n'en ont aucuns d'ailleurs pour leur fubfiftance, le Seigneur qui leve le Rachat doit leur laiffer le tiers du revenu des Terres tombées en Rachat pour leur nourriture & entretien; celle d'Anjou eft du nombre, & les Interprétes font d'avis que cette difpofition favorable doit être étendue à toutes les Coutumes qui n'en ont pas de contraires pour les Mineurs feulement, & non pour les Majeurs: mais celles de Sens & de

Melun portent que le Seigneur n'eſt pas obligé de nourrir les Mineurs, quoiqu'ils n'ayent pas de quoi vivre.

> Anjou, Art. 108.
> Sens, Art. 209. Dumoulin ſur ledit Art.
> Melun, Art. 80.
> Tronçon ſur l'Art. 3. Paris.
> Brodeau ſur le même Art. N. 17.
> Et Salvaing du Plaid Seigneurial, Queſt. 1.

CXXVIII.

Rachats rencontrés, & les differens avis des Auteurs ſur cette matiere.

Il y a deux ſortes de Rachats rencontrés ; l'une, lorſque pendant l'année du premier Rachat il en échet un ſecond par une nouvelle mutation ; & l'autre, lorſque pendant l'année du Rachat du Fief, l'Arriere-Fief vient à tomber en Rachat.

R iij

Dans la premiere efpece, il y a des Auteurs qui tiennent qu'il eft dû autant de Rachats qu'il y a eu de mutations, & que ces Rachats doivent être payés l'un après l'autre fucceffivement.

> Dargentré, Bretagne, Art. 76. Note 8. N. 4.
> Dupineau dans les Controverfes de Dumoulin & de Dargentré, Ch. 13.
> Charondas, Liv. 9. de fes Réponfes, Chap. 76. rapporte un Arrêt du 16 Juillet 1562. qui juge que pour la mort de deux freres arrivée dans une même année, le Seigneur prendra le revenu de deux années entieres.

D'autres Auteurs foutiennent au contraire que les deux Rachats fe rencontrant dans une même année, fe confondent, & que le Seigneur fe doit contenter des fruits de ladite année pour l'un & l'autre Rachat.

Brodeau fur Louet, Lettre R. Chap.
2. N. 2. rapporte un Arrêt du 18
Mars 1610.

Palu, fur l'Art. 137. Touraine.

Arreft du 20 Mars 1662. Journal
des Audiences, Tom. 2. Liv. 4.
Chap. 52.

Enfin, d'autres font d'un troifié-
me avis, & prétendent que fi les
mutations arrivent par mort ou par
autres cas fortuits, il n'eft dû qu'un
feul Rachat, & que fi elles font
volontaires, il eft dû autant de Rachats qu'il y a eu de mutations.

Dumoulin, fur l'Art. 33. Paris, Gl.
1. N. 113. & Art. 78. Gl. 1. N.
111.

CXXIX.

Coutumes differentes.

Il y a des Coutumes qui portent
que le Seigneur jouit des fruits du
Fief tombé en Rachat, jufqu'à la

rencontre du second Rachat, lors de quoi la jouissance du premier Rachat cesse, & il recommence à jouir une année entiere pour le droit du second Rachat.

> Anjou, Art. 123.
> Maine, Art. 133.
> Touraine, Art. 137.
> Loudun, Tit. 14. Art. 11.
> Blois, Art. 92.
> Poitou, Art. 184.
> Bretagne, Art. 70.

CXXX.

Dispositions d'autres Coutumes.

Il faut néanmoins remarquer une difference considerable entre les Coutumes ci-dessus ; sçavoir, que dans quelques-unes, comme en celles d'Anjou, du Maine, de Bretagne, de Poitou, le premier Rachat finit par l'ouverture du second, au lieu que dans les Coutumes de Touraine, de Blois, de

Loudun, la jouiſſance du premier Rachat ne finit que par l'offre du ſecond, ce qui vient de la difference des termes & des diſpoſitions de ces Coutumes.

De là il réſulte que pour les Rachats rencontrés ou concurrens dans une même année, dans les Coutumes d'Anjou & du Maine, le Seigneur prend quelquefois deux récoltes ou double profit, & quelquefois il n'a qu'une ſeule récolte, ce qui dépend du tems de l'ouverture deſdits Rachats, & de celui des récoltes des fruits naturels & induſtriaux.

Mais à l'égard des fruits civils, tels que ſont les loyers de Maiſons, les Fermes des Moulins, &c. le Seigneur les prendra à proportion du tems que le premier Rachat aura duré, parce que ces ſortes de fruits échéent & s'acquiérent de jour à jour.

Dumoulin , Paris , Art. 1. Gl. 1. N.
50. & fuivans.

CXXXI.

Cas où les chofes tombées en Rachat
font affermées.

Si les chofes tombées en Rachat
étoient affermées & avoient coutume de l'être depuis trente ans ,
enforte que le Seigneur fût obligé
de prendre le prix de la Ferme pour
fon droit de Rachat, en ce cas, fi le
premier Rachat a duré jufqu'après
la récolte, le Seigneur prendra la
Ferme entiere , quoique le Rachat
foit fini avant le terme prefcrit pour
le payement de la Ferme, fuivant
la difpofition de la Loi, *Defuncta*
ff. de Ufufructu.

Si le Rachat a duré pendant la
récolte d'une efpece de fruits ,
comme des bleds, & qu'il ait fini
avant la récolte d'une autre efpe-

ce, par exemple, avant les ven-
danges, il faudra faire une forte de
ventilation de la Ferme, par proportion de la valeur de chaque efpece de fruits, & donner au Seigneur une partie de la Ferme qui
réponde à l'eftimation des fruits
perçûs pendant la durée du premier Rachat, & il ne prendra rien
au refte.

Si au contraire le premier Rachat a duré pendant un tems auquel il ne s'eft fait aucune récolte,
quand même l'échéance de la Ferme feroit arrivée pendant fa durée, le Seigneur ne prendra aucune part à la Ferme, parce qu'elle
eft le prix des fruits aufquels le Seigneur n'a pû avoir de part.

Livoniere, Traité des Fiefs, Liv. 4.
Chap. 9.

CXXXII.

Du défaut de foi.

Si le nouveau Vassal manque de faire ou d'offrir la foi & hommage dans les quarante jours, le Seigneur qui a commencé de jouïr par droit de Rachat, peut changer la cause de sa jouïssance en faisant saisir féodalement, & fera les fruits siens, sans diminution du Droit de Rachat pour lequel il aura encore une année après la faction de la foy & hommage, à la déduction du tems qu'il avoit jouï à titre de Ra-chat avant la saisie féodale.

Anjou, Art. 116.
Maxime du Droit François, tirée des Art. 61. & 62. Paris.

CXXXIII.

Deuxiéme espece du Rachat rencontré.

La deuxiéme espece du Rachat rencontré, arrive dans les cas où pendant que le Seigneur jouït du Fief par droit de Rachat, l'Arriere-Fief qui en dépend vient aussi à tomber en Rachat par le décès ou autre mutation de l'Arrieré-Vassal. Le Seigneur prend pour le tout les fruits d'une année entiere de l'Arriere-Fief, quoique le Rachat de l'Arriere-Fief ne soit ouvert que sur la fin de l'année du Rachat du plein Fief, sans garder la proportion des tems.

Dumoulin sur l'Art. 50. Paris, N. 4.

CXXXIV.

Difference des Coutumes.

Mais les Coutumes d'Anjou, du

Maine, de Poitou & de Loudun, en décident autrement, & veulent que le Seigneur ne jouisse de l'Arriere-Fief tombé en Rachat, que pour le tems qu'il lui reste à jouïr du Rachat du plein Fief: par exemple, l'année du Rachat du plein Fief a commencé au mois de Mars, & l'Arriere-Fief est tombé en Rachat au mois de Juin, le Seigneur levera toute la récolte de l'Arriere-Fief qui se fera depuis le mois de Juin jusqu'au mois de Mars suivant, que sera révolue l'année du premier Rachat, & n'aura rien des fruits industriaux, s'il ne se fait pas de récolte sur l'Arriere-Fief pendant le tems qui reste à jouïr du Rachat du plein Fief.

Anjou, Art. 123.
Maine, Art. 133.
Poitou, Art. 164.
Loudun, Chap. 14. Art. 12.

CXXXV.

Des Fermiers entrans & sortans.

Dans l'espece de deux Fermiers du Fief dominant, l'un entrant & l'autre sortant, le Rachat échû pendant le Bail du sortant, lui appartient pour le tout, quoique la récolte des fruits ne se fasse que depuis le Bail du Fermier entrant commencé, le Fermier sortant a été en droit d'en composer à son profit. Il en est de même de deux Seigneurs successeurs immédiats l'un de l'autre.

Arrêt du 6 Février 1564. rapporté par Charondas sur l'Art. 47. Paris.

Autre du 11 May 1585. par Chopin sur Anjou, Liv. 2. N. 3. des Rachats.

Autre du 5 Août 1600. par Louet, let. R. Chap. 43.

Dumoulin, Paris, Art. 50. Gl. 1. Nomb. 4.

CXXXVI.

De l'Usufruitier.

Ce qui vient d'être dit à l'égard du Fermier à qui il est échû un Rachat dans les derniers mois de sa Ferme, peut être appliqué avec raison à un Usufruitier, dont le droit est encore plus fort & plus étendu que celui d'un Fermier, ce qui résulte de la Coutume de Paris.

Paris, Art. 2.
Et Commentateurs sur cet Article.

DEPORT

DEPORT DE MINORITÉ.

ARTICLE PREMIER.

En quoi consiste le Droit de Déport.

CE Droit n'a lieu que dans la Coutume du Maine & dans celle d'Anjou, suivant l'Art. 119. du Maine, & 107. d'Anjou; & il consiste dans les vrais fruits d'une année, à la charge de bailler provision au Mineur à l'ordonnance de Justice, suivant la Coutume du Maine & suivant celle d'Anjou, & les Commentateurs de celle du Maine; cette provision est fixée au tiers du revenu du Fief.

Anjou., Art. 107.
Maine, Art. 102.
Arrêt du 3 Avril 1635. rapporté par Bodereau sur ledit Art. 119.

S

II.

Cas où le Droit de Déport a lieu.

Pour que ce Droit ait lieu au profit du Seigneur, les Commentateurs de ces Coutumes semblent demander le concours de quatre circonstances.

La premiere, le décès du pere ou de la mere.

La deuxiéme, que le Mineur ne soit pas en état de servir le Fief; c'est-à-dire, qu'il n'ait pas atteint l'âge de vingt ans pour le mâle, & de quatorze pour la femelle.

La troisiéme, que le survivant du Mineur des pere ou mere n'accepte pas la garde noble.

Et la quatriéme, que le Tuteur du Mineur ait rendu la foy & hommage au Seigneur du Fief du Mineur.

Dupleffis en fon Traité du Droit de
Déport, fecond Volume de fes
Oeuvres.

III.

'Motifs que paroît avoir eu l'établiffe-
ment du Droit de Déport.

Le Droit de Déport a été intro-
duit dans les Provinces d'Anjou
& du Maine au profit des Seigneurs
de Fiefs pour leur récompenfe de
faire pourvoir de Tuteur ou Curateur à leurs Vaffaux, à qui les parens
n'avoient fait diligence d'en nom-
mer ou faire inftituer, & le Bail
garde-noble defquels auroient été
répudiés par le pere ou mere, qui
s'en feroient abftenus ou déportés,
d'où eft dérivé ce nom de Déport.

Bodereau fur l'Art. 119. Maine.

I V.

Cas où le pere ou la mere ont fait la foi.

Mais si le pere ou mere, en qualité de Bail, ont fait la foi & hommage, & qu'ensuite ils s'abstiennent du droit de Bail, acceptant seulement la Tutelle naturelle de leurs enfans, le Seigneur ne peut plus demander le Déport, parce que par ledit hommage fait même par souffrance donnée, ce Droit est couvert, & ne peut plus être renouvellé; ainsi jugé par Arrêt rendu en la Coutume du Maine au profit du sieur de Charnacé, Curateur des Demoiselles de la Feillée pour la Terre du Coudray, relevante de la Châtellenie de Saint Denis au Maine, & dont la mere avoit convolé en secondes nôces avec le sieur de la Courbe du Bellay.

Bodereau, *Ibidem*, rapporte cet Arrêt sans date.

V.

Cas où Duplessis prétend que le Déport n'est pas dû.

Duplessis en son Traité du Déport ci-dessus cité, est d'avis que si le pere ou la mere n'avoit point fait la foi ou les offres pendant leur Bail avant qu'ils l'eussent perdu, & qu'il fallût que le Tuteur ou le Curateur le fît, le Déport ne seroit pas dû.

Qu'il ne seroit pas dû non plus dans le cas où le pere ou mere accepte le Bail de ses enfans mineurs, & en cette qualité fait la foi pour eux, & que depuis il renonce au Bail, acceptant leur Tutelle naturelle, ou qu'on leur fît pourvoir d'autre Tuteur, qu'il suffit que la foi ait été faite par une personne qui ne devoit point de Déport, au tems qu'elle a été faite.

VI.

Ce que le Seigneur doit faire, faute par le Tuteur de rendre la foi.

Le même Auteur fait encore deux queſtions.

La premiere, ſi le Tuteur ou Curateur des Mineurs ne va pas faire la foi pour les exempter du Déport.

Et la deuxiéme, ſi l'on ne fait point créer de Tuteur ni Curateur aux Mineurs, afin qu'il n'y ait pas lieu au Déport, étant conſtant, ajoute-t'il, que le Seigneur ne peut prendre par défaut d'homme ſur les Mineurs, quand ils n'ont point de Bail, Tuteur ni Curateur. Il ré- pond :

Qu'au premier cas le Seigneur a la voie ouverte, ſuivant la Coutume, pour faire créer de Tuteur ou Curateur aux Mineurs, lequel ayant rendu la foi, le droit eſt dû.

Et au ſecond cas, que ſi le Tuteur ou Curateur étant élû, ne va pas faire la foi, le Seigneur peut faire ſaiſir féodalement, & faire les fruits ſiens, & par là il obligera le Tuteur de venir à la foi, & le Déport lui ſera acquis.

VII.

Cas où le Seigneur eſt négligent.

Que ſuppoſé que le Tuteur n'ait point été faire la foi pour ſes Mineurs, & ſi pendant ce tems les Mineurs atteignent l'âge de vingt ans pour les mâles, & de quatorze pour les femelles, alors ils pourront aller faire la foi eux-mêmes, puiſqu'ils ſont en âge, & le Seigneur ſera privé du Droit de Déport, quoique les Mineurs fuſſent en Tutelle lors de la mutation avenue, parce que ce n'eſt pas le Tuteur qui a fait la foi, mais les Mineurs même parvenus en âge.

VIII.

Un des Mineurs parvenu en âge peut couvrir le Fief.

Suivant le même Auteur, s'il y a pluſieurs enfans, & que l'un d'eux, dans le cas où il n'y a pas de partage, ſoit en âge de couvrir le Fief, il le peut, & alors il n'eſt pas dû de Déport.

IX.

Des biens échûs aux Mineurs pendant la Tutelle.

Si pendant la Tutelle il eſt fait quelques donations entre-vifs aux Mineurs des choſes hommagées, dont leur Tuteur eſt obligé de faire la foi pour eux, il eſt pareillement
dû

dû le Déport outre le Rachat pour
la réception du Tuteur en foi.

X.

Du cas de concurrence du Rachat &
du Déport.

Le même Auteur décide que
dans le cas de concurrence du Rachat & du Déport, le Seigneur
prendra la premiere année des
fruits après la succession ouverte,
pour son Rachat, & ensuite la seconde année d'après pour son droit
de Déport.

Bodereau sur ledit Article 119.
Maine est aussi d'avis que dans le
cas de concurrence du Rachat &
du Déport, les deux droits sont
dûs, & il rapporte tout au long
l'Arrest du Parlement de Paris du
3 Avril 1635. confirmatif d'une
Sentence des Requestes du Palais
du 26 Mars 1630. qui l'a ainsi jugé

T

dans l'Inſtance d'entre Jean de Bienvenu, Fermier de Sillé-le-Guillaume, d'une part, & le Marquis de Vibrais, Tuteur des enfans Mineurs d'Henry de Vaſſé, héritiers de Lancelot de Vaſſé leur ayeul, d'autre part, & le Duc de Briſſac, Intervenant.

X I.

Juriſprudence des Arreſts ſur le Droit de Déport.

Nonobſtant la diſpoſition textuelle de l'Art. 119. de la Coutume du Maine, pluſieurs Vaſſaux ayant conteſté le droit de Déport, ſous prétexte qu'il étoit tombé dans le non-uſage, comme differens Auteurs l'atteſtent à l'égard de la Coutume d'Anjou, & ſous differens autres prétextes, il eſt intervenu nombre d'Arreſts qui ont condamné les refuſans à le payer.

Il en eſt rapporté quatre par le Rédacteur du Coutumier Général de l'Edition de 1724. ſur ledit Article 119. Maine.

Le premier, du 23 Juin 1581. contre Yvonne Leporc, veuve de Jean deFontenailles, ayant le Bail & Garde-noble de ſes enfans au profit de M. le Duc du Maine.

Le deuxiéme, du dernier Mars 1607. au profit de René Bazogée, Fermier du Duché de Mayenne.

Le troiſiéme, du 6 Aouſt 1616. contre René de la Ferriere, Seigneur Comte de Vaſſé, & Leon de Tillon.

Et le quatriéme, du 8 Juillet 1625. confirmatif d'une Sentence de Saint Callais, contre René de la Ferriere.

Il y en a un cinquiéme du 19 Fevrier 1745. rendu au profit du Receveur Général & du Fermier du Domaine de Tours, contre M.

le Duc de la Tremoeille, fur les Conclufions de M. l'Avocat Général de Fleury, à préfent Procureur Général; plaidans Me Gueau de Reverfeau, pour M. le Duc de la Tremoeille, & Me la Monnoye, pour le Receveur général & pour le Fermier du Domaine du Roy, par lequel, fans avoir égard au non-ufage allegué, & à la poffeffion où l'on prétendoit qu'étoient les Seigneurs de Laval de ne fervir, ni de fe faire fervir par eurs Vaffaux ledit droit de Déport, il a été condamné à le payer avec dépens.

XII.

Du Droit de Déport en Anjou.

Ce droit de déport eft également dû dans la Coutume d'Anjou, fuivant l'Article 107. de cette Coutume; mais plufieurs Commentateurs prétendent qu'il eft tombé dans le non-ufage.

Dupineau eſt un de ceux qui atteſte ce non-uſage; & pour ſoutenir ſon opinion, il cite le Febvre, Marqueraye Taluan, & Chopin ſur l'Art. 6. de ladite Coutume, N. 4. & Liv. 2. Tit. 2. N. 2. & N. 3. Note marginale; & il ajoute : Ce qui ſemble, dit-il, proceder principalement de cette raiſon, que le Mineur en ſouffriroit de la perte induement, & qu'ainſi il vaut mieux que cette diſpoſition demeure ſans effet, ſuivant la Doctrine de Bartole, d'Alexandre & de Jaſon ſur la Loi Fin. §. *in computatione* C. *de jure de Liber*, & de Felin ſur le Chap. *Edoceri, de reſcrip.*

Dupineau finit ſa remarque, en diſant que le Seigneur de la Terre de l'Iſle Tiſon, dans le Territoire de la Baronnie de Craon, eſt encore chargé de ce droit, & qu'on le pratique contre lui.

Poquet de Livoniere en ſon

Traité des Fiefs, Liv. 4. Chap. 5.
§. 6. obferve pareillement que ce
droit de Déport eft demeuré aboli
en Anjou par non-ufage, fi ce n'eft
à l'égard de quelques Seigneurs
particuliers en petit nombre qui fe
font maintenus dans la poffeffion
de le prendre, mais que ce droit
eft plus ufité dans le Maine.

On finira cet Article par une Ob-
fervation, qui eft qu'aucun de ces
Auteurs ne rapportent ni Sentence
ni Arreft qui ayent ftatué fur ce prétendu non-ufage, & que M. Joly
de Fleury portant la parole lors
de l'Arreft du 19 Fevrier 1745.
rendu contre M. le Duc de la Tremoeille pour le Comté de Laval ;
foutint que fi le droit de Déport
étoit demandé en Anjou, il de-
vroit y être adjugé, fondé fur la
difpofition de la Coutume qui eft
précife, & qui doit prévaloir au
fentiment des Commentateurs, &

qu'enfin le prétendu non-usage par
eux allégué ne peut pas faire per-
dre aux Seigneurs de Fiefs un droit
que la Coutume leur défere aussi
positivement, d'autant que l'ouverture de ce droit étant fort rare,
il n'est pas facile d'opposer avec
succès la possession.

F I N.

LIVRES

Concernant les Domaines, nécessaires à toutes personnes qui les possedent, les perçoivent & en connoissent.

Recueil des Domaines, *in* 4°. 9 vol.
          100 liv.
Traité de Bertelot du Ferier, *in* 4. 1 vol. 8 liv.
—— Des Droits Seigneuriaux & Echanges.
in 12.   6 liv.
Maximes générales sur les Lods & Ventes, &c.
in 12.   2 liv. 10 sols.
Instructions générales, *in* 8°.   7 liv. 10 s.
Plan général de Régie, *in* 4°.   3 liv.

Priviléges de l'Ordre du Saint-Efptit , *in* 4ᵗ
24 liv.
Recueil des Reglemens concernant le Controlle
des Actes des Notaires , *in* 4. 5 vol. 60 liv.
Inftructions de Chambon , *in* 8.   7 liv. 10 f.
Commentaires de Bazin , *in* 8.   6 liv.
Déclarations , Décifions & Inftructions con-
cernant le nouveau Centiéme Denier , *in* 4.
3 liv.
Recueil des Amortiffemens , &c. *in* 4. 5 vol.
60 liv.
Traité des Amortiffemens , par Jarry, *in* 12. 3 l.
Recueil des Droits réfervés , *in* 4. 2 vol. 18 liv.
—— Des Greffes, *in* 4.   12 liv.
—— Du Droit de Confirmation , *in* 4. 10 liv.
—— Du Controlle des Exploits , *in* 12. 3 liv.
Baux de Charriere, Carlier & Forceville, 3 vol.
in 4.   24 liv.
Dénombrement du Royaume , *in* 4.   12 liv.
Dictionnaire de la France , *in fol.* 3 vol. 60 liv.

TABLE
DES MATIERES.

LODS ET VENTES.

ECHANGES.

DEPORT DE MINORITE.

Fin de la Table des Matieres.